金陵全書

甲編·方志類·縣志

弘治句容縣志（二）

（明）王僖 修
程文 纂輯

南京出版社
南京出版傳媒集團

圖書在版編目（CIP）數據

弘治句容縣志 /（明）王僖修；（明）程文纂輯. --
南京：南京出版社，2020.10
（金陵全書）
ISBN 978-7-5533-2805-8

Ⅰ.①弘… Ⅱ.①王… ②程… Ⅲ.①句容 - 地方志
- 明代 Ⅳ.①K295.34

中國版本圖書館CIP數據核字（2020）第018748號

書　　名	【金陵全書】（甲編・方志類・縣志） **弘治句容縣志**
編 著 者	（明）王僖 修；（明）程文 纂輯
出版發行	南京出版傳媒集團 南 京 出 版 社
	社址：南京市太平門街53號　　郵編：210016 網址：http://www.njcbs.cn　　電子信箱：njcbs1988@163.com 聯系電話：025-83283893、83283864（營銷）　025-83112257（編務）

出 版 人	項曉寧
出 品 人	盧海鳴
責任編輯	楊傳兵
裝幀設計	楊曉崗
責任印製	楊福彬

製　　版	南京新華豐製版有限公司
印　　刷	南京凱德印刷有限公司
開　　本	889毫米×1194毫米　1/16
印　　張	53.5
版　　次	2020年10月第1版
印　　次	2020年10月第1次印刷
書　　號	ISBN 978-7-5533-2805-8
定　　價	1600.00元（全二册）

南京出版社
圖書專營店

句容縣志卷之七

儒學訓導浮梁程文仲昭纂輯
致仕同知邑人王韶思舜校正

製詞類

碑文歌贊乃 帝王之脣辭 詔誥勅諭尤國家之恩典雖有古今皆不可不重也故以世代先後年月久近以次錄之庶感德洪恩光輝千載流傳不朽云

御製學校八行八刑碑

准大觀元年三月十九日 勅中書據學制局狀申准本局承受送到內降 御筆批一道學制內有學人與

貢士同試合格者上等升二等差遣文行優者取旨推
恩中等赴殿試其上等升差遣雖優而無賜出身之文
可於升二等差遣字下添入仍使上舍出身
一道學以善風俗明人倫而人材所自出也今有教養
之法而未有善俗明倫之制殆未足以兼明天下孔子
曰其為人也孝弟而好犯上者鮮矣不好犯上而好作
亂者未之有也蓋設學校置師儒所以惇孝弟孝弟興
則人倫明人倫明則風俗厚而人才成刑罰措朕考成
周之隆教萬民而賓興以六德六行否而威之以不孝
不弟之刑比以立法保任孝弟睦婣任恤忠和之士去

古綿遠士非里選習尚舉科不孝不弟有時而容故任官臨政趨利犯義詆訕貪汙無不為者此官非其人士不素養故也近日餘暇稽周官之政制為法度頒之學校明倫善俗庶幾於古

諸士有善事父母為孝善兄弟為友善內親為睦善外親為婣信於朋友為任仁於州里為恤知君臣之義為忠達義利之分為和

諸士有孝弟睦婣任恤忠和入行見於事狀著於鄉里者鄰保伍以行實申縣縣令佐審察延入縣學考驗不虛明保申州如令

諸士八行孝弟忠和為上睦婣為中任恤為下士有全備八行保明如令不以時通奏貢入太學免試為太學上舍司城以下引問考驗校定不誣申尚書省取

旨釋褐命官優加拔用

諸士有全備上四行而兼中等二行為州學上舍上等之選不全上二等而兼中等一行或不全上三行而兼中二行者為上舍中等之選不全上三行而兼中一行或兼下二行者為上舍下等之選全有中二行或有中等一行而兼下等一行者為內舍之選餘為外舍之選

諸士以八行中上舍之選而被貢入太學者上等在學半年不犯第三等罰司城以下考驗行實聞奏依太學貢士釋褐法取旨推恩中等依太學上等法待殿試年推恩下等依太學中等法

諸士以八行中選中選在州縣學皆免試補爲諸生之首選充職事及諸齋長諭

諸以八行考士爲上舍上等其家依官戶法中下免戶支移折變借身丁內舍免支移身丁

諸謀反謀叛大逆子孫同及大不恭詆訕宗廟指斥乘輿爲不忠之刑〇惡逆詛罵告言祖父母父母別籍異

財供養有缺居喪作樂自娶釋服匿哀爲不孝之刑○不恭其兄不友其弟弟娣叔嫂相犯罪杖爲不弟之刑○殺人畧人放火強盜強姦竊盜杖及不道爲不和之刑○謀殺及畧賣緦麻以上親毆告大功以上尊長小功尊屬若內亂爲不睦之刑○詛罵告言外祖父母與外姻有服親同母異父親若妻之尊屬相犯至徒違律爲婚停妻娶妾告無罪出妻爲不姻之刑○毆授業師犯同學友至徒應相隱而輒告言爲不任之刑○欺詐取財罪杖告屬耆隣保伍有所規求避免或告事爲不干已爲不協之刑

諸犯八刑縣令佐州知通以其事目書於籍報學應有
入學按籍檢會施行
諸士有犯不忠不孝不弟不和終身不齒不得入學不睦十年不婣八年不任五年不恤三年能改過自新不犯而有二行之實者耆鄰保伍申縣令佐審察聽入學在學一年又不犯第三等罰聽齒於諸生之列
奉勅如右牒到奉行前批三月二十日午時付禮部施行仍関合屬去處

祥符御製觀龍歌

四靈之長惟虬龍虬龍變化固難同三茅福地群仙宇

靈物潛形在此中池內仙人馴擾得至今隱顯誰能測
乘雲蠢動獨標奇行雨嘉生皆荷力常人覽取蹔從心
才出山樞兮無處尋中使勤求深有意歆敞明廷兮陳
上瑞初禱一龍朝魏闕偶提二龍離洞穴人心龍心若
符契一去一住何神異我觀真龍卒不驚至誠祝龍龍
好聽但期風雨年年順庶使倉箱處處盈

國朝

御製嘉瓜賛

上蒼監靈　地祇符同　知我良民　朝夕勤農
天氣下降　地氣上升　黃泉沃壤　相合成形

同帶雙産　出自句容　民不自食　炙背来庭
青雲顔彩　有若瑟瓊　剖而飲漿　過楚食萍
民心孝順　朕有何能　拙述数句　表民来誠
碩爾世世　家和戸寧　有志子孫　封侯列公
雖千萬世　休忘勤農　洪武五年六月二十八日

附録

宣宗章皇帝御製五倫書第六卷所載嘉瓜事實
洪武五年六月癸卯句容縣民獻嘉瓜二同帶而生
中書省臣率百官以進禮部尚書陶凱　奏曰
陛下臨御同帶之瓜産於句容句容

陛下祖鄉也實爲禎祥蓋由
聖德和同國家協慶故雙瓜連蔕之瑞獨見於此以彰
陛下保民愛物之仁非偶然者
太祖高皇帝曰草木之瑞如嘉禾並蓮合歡連理兩岐之麥同
蔕之瓜皆是卿等以此歸德於朕朕否德不敢當之
縱使朕有德天必不示以一物之祥苟有過必垂象
以譴告使我克謹其身以保其民不致於禍殃且草
木之祥生於其土亦惟其土之人應之於朕何預若
盡天地間時和歲豐乃王者之禎也

歷代誥勅諭

宋作新士風誥

顧朕新御路朝首興敎化士風所繫尤務作新比年以来習尚澆漓文氣卑弱紕學無實視昔歉焉豈涵養之未充抑陶成之或闕咨爾訓迪之官毋拘内外之殊各究乃心俾知所嚮矯偏道正崇雅黜浮使人皆君子之歸如古者賢材之盛副予至意惟爾之休

宋加封三茅真君誥

勑朕聞真人馭風騎氣神游八極之表而一念在生靈則猶数数然也太元妙道沖虛真君東岳上卿司命神君成道於茅山登籍於仙府三君之首者也奇驗

見於歷代遠近以爲司命朕爲黎元慕尚不已特命
有司亟衍嘉號以彰欽崇可特封太元妙道冲虚聖
祐真君東岳上卿司命神君

勑朕聞句曲三峯神君顯甚遂有金壇洞天之名歷代
所慕尚豈獨於今乎定錄右禁至道冲静真君脩真
得道是謂中茅雨暘應禱遠近德之亟命衍號以答
鴻休其體朕意益陰隲於下民可特封定錄右禁至
道冲静德祐真君

勑朕聞漢武事神君於禁中其祝甚秘蓋以徼福朕不
爲也三官保命微妙冲惠真君真風道氣號小茅君

祈貺敬事祭典褒崇蓋非一日矣茲奉徽號以昭朕
拳拳嚮尚之意益闡貺施以惠生靈可特封三官保
命徽妙冲惠仁祐真君　淳祐九年三月　日

宋勅劉光世授右武大夫吉州刺史

勅爵以馭貴人主之權賞不踰時有功者奮拱衛郎劉
光世性資驍勇機謀靖深效職邊陲忠勤備著茲率
士卒鼓氣先登既首挫平賊鋒用楚蕩其巢穴軍声
大振第功居多其超進於横班復榮參於郡職併加
恩渥用勸戎行尚訖爾庸以揚朕命可特授右武大
夫吉州刺史　政和七年五月一日

宋追封劉光世為鄜王

勑旂常紀社稷之勳可不追崇於既往帶礪等山河之誓亦將示勸於將來朕當饋而歎蕭曹附髀而思頗牧興其求人才於異代曷若伸將畧於先朝厥有故臣宜須新渥故和衆輔國功臣大傅護國鎮安保靜軍節度使楊國公食邑一萬二千六百戶食實封五千七百戶致仕贈太師追封安城郡王劉光世高明而重厚果毅而沉雄凜凜林資獨稟山西之勁言足韜畧夙傳濟北之奇自結髮以從戎即捐軀而許國當高廟中興之始居紹興諸將之先首推翊戴之誠魯

靡勤勞之憚內屢平於劇盜外力抗於狂酋臨機制
敵之明何攻不克陷陣摧鋒之勇所向無何大振皇
威肇安國勢暨晉登於宥府廼巽避於榮塗甫六符
峻極之階遽一老慭遺之嘆念拱木已經於積歲而
首第未列於真封況今日勵精修政之時乃人臣竭
節輸忠之旦聽鼓鼙而思將帥念嘗奮發於曩時毋竹
户日奚功名庶可激昂於當代載考疇庸之籍詎忘
進律之規是用𦈢秦土以建邦即鄜川而畫壤錫茲
帝祉授以王章既昭奮迹之榮且慰首丘之願噫上
公作伯生則崇周室之恩思姓立功沒則奉漢家之

典茲爲厲世之具固匪倖人之私尚惟英靈服此休
寵可特追封鄘王餘如故　開禧元年八月三日

贈劉混康太中大夫誥

朕惟生德之世無爲而萬物化淵靜而百姓定爰率是
道納民泰和誠意感通異人沓至眷遇之禮曲盡始
終葆眞觀妙沖和先生劉混康虛一守眞純白自得
前知休咎能讋群迷或托呪符克愈衆疾雖身棲林
谷而名振京師朕用嘉歎召對閒宴屢聞至論深契
予心比復造廷燕居琳館了然委化不約而同靜思
所存宜加憫飭太中之秩視諫大夫茲爲異恩尚期

歆享特贈太中大夫

謚劉混康静一誥

勑朕惟曲水之宂北距岱宗南接羅浮證法册於河圖得嘉名於地肺抱道秘境惟昔高人眞風未忘前轍具在贈太中大夫劉混康出塵累之表以虛静爲宗觀妙勾金之壇葆光埋璧之地慕眞風於南岳究奥義於西城衆方有求忽若委蜕其頒美謚式昭正一之功庶幾異時益振冲虛之教可特賜謚静一

開禧二年　月　日

元朝

元加封孔子詔

蓋聞先孔子而聖者非孔子無以明後孔子而聖者非孔子無以法所謂祖述堯舜憲章文武儀範百王師表萬世者也朕纂承丕緒敬仰休風循治古之良規舉追封之盛典加號大成至聖文宣王遣使闕里祀以大牢於戲父子之親君臣之義永惟聖教之尊天地之大日月之明奚罄名言之妙尚資神化祚我皇元主者施行　大德十一年

元加封三茅真君立觀三峯誥

皇帝聖旨靜慕玄風灼觀往事無爲曰道必刻意繕性

而始成脩身乃真非積行累功而莫就大茅君東岳上卿司命大元妙道冲虛聖祐真君奇操矯俗精思集虛一德齋心受龜甚臺西華之祕旨萬靈授職開金陵句曲之宗壇冊光千載以維新寶氣三峯而彌固發祥肇祉民到于今稱之遂雨寧風天之所助順也亶惟作聖允合祐神孔蓋翠旌祀典嚴於司命璽文悉簡禮爰峯於秩宗假茲聰明佐予平治可賜茅山一峯聖祐觀特加封大茅君東岳上卿太元妙道冲虛聖祐真應真君主者施行

皇帝聖旨合人心理萬物禮宜順於鬼神建皇極錫庶

民徼有稽於賜雨大江以來之地句曲為望之宗土
樂昇平歲稱民足二茅君定錄右禁至道冲靜德祐
真君中峯司命西華或形作牧畜煩擾之非脩身得
恬淡之要縣齋禱從塤篪迭奏於雲中化鶴來歸城
郭時看於華表朕方推仁以濟衆所宜妙物以祐民
學道受之以神端有宗於李耳望祀不祈大福誠深
慕於漢文嘉與涵生誕敷景命可賜茅山二峯德祐
觀特加封二茅君定錄右禁至道冲靜德祐妙應真
君主者施行
皇帝聖旨氣化為神握陰陽而執要物來能應遇水旱

以成功茲山之靈以氏爲號三茅君三官保命微妙
冲惠仁祐真君不顛引而壽體純素爲真宮從蒼龍
承左右而無間晞乘白鵠侍伯仲以遠游荷天之休
爲民請命逍遥容與服光景以如新周流徜徉蒙福
祉而無極肆加褒錫丕膺隆平埋縣高峯遠慕軒轅
之有道獻金空谷方薄先武而不爲以赫厥靈同歸
于治可賜茅山三峯仁祐觀特加封三茅君保命微
妙冲惠仁祐神應真君主者施行
延祐二年七月　日

元加封兗國復聖公

皇帝聖旨朕惟得孔氏之門入聖人之域顔子一人而已觀其不遷怒不貳過以成復禮之功無伐善無施勞益着為仁之效蓋將不日而化矣惜乎天不假之年也朕緬懷哲人留心聖道將大新於風教故特優於褒加於乎用之則行舍之則藏雖潛德一時之不顯吾見其進未見其止顧聖言百世而彌彰尚服寵光丕隆文治可加封兗國復聖公主者施行

元加封郕國宗聖公

皇帝聖旨朕惟孔子之道曾氏獨得其宗蓋本於誠身

而然也觀其三省之功卒聞一貫之妙是以友于顏
淵而無愧授之思孟而不湮者歟朕仰慕休風景行
先哲爰因舊爵崇以新稱於乎神聖繼天立極以來
道統之傳遠矣國家化民成俗之功大學之書具焉
其相予之脩齊茲式彰於褒顯可加封郕國宗聖公
主者施行

元加封沂國述聖公

皇帝聖旨昔曾子得聖人之傳而子思克成厥稽夫中
庸一書實聞聖學於千載朕自臨御以來每以嘉惠
斯文爲念萬幾之暇覽觀載籍至於致中和而天地

位萬物育雅留意焉夫爵秩之崇既隆於升配景行之懿可後於褒加於乎有仲尼作於前孰儷世家之盛得孟子振其後益綿斯道之傳渥命其承茂隆丕緒可加封沂國述聖公主者施行

元加封鄒國亞聖公

皇帝聖旨孟子百世之師也方戰國之縱橫異端之充塞不有君子孰任斯文觀夫七篇之書惓惓乎致君澤民之心凜凜乎拔本塞源之論黜霸功而行王道距詖行而放淫辭可謂有功聖門追配神禹者矣朕若稽聖學祗服格言乃著新稱以彰渥典於戲誦詩

書而尚友緬懷鄒魯之風非禮義則不陳期底虞唐之治英風千載蔚有耿光可加封鄒國亞聖公主者施行

元追封二程豫國公洛國公

皇帝聖旨朕惟三千之徒莫先於顏氏睠言往哲式克似之故河南伯程明道躰備致和躬承絕學元氣之會鍾于獨得聖人之道賴以復明際百世之真儒豈追封之敢後爰舉盛典爵以上公於乎緬想德容儼揚休而山立聿新禮命敷渙號以風行服此寵靈益綿道統可追封豫國公主者施行

皇帝聖旨朕惟孟子以来千有餘歲不有先覺孰任其
承故伊陽伯程伊川本諸躬行動有師法謂初學入
德本乎致知格物謂隨時從道在乎觀象玩辭遺書
雖見於表章異数尚遺於封冊昨之大國肅樂優崇
於乎規矩準繩庶有存於矜式火龍黼黻匪徒侈於
像章懋相斯文以對休命可追封洛國公主者施行
至順二年九月　日

國朝　封句容縣城隍誥

皇帝制曰帝王受天明命行政教於天下必有生聖瑞受命之
符此天示不言之妙非人見聞所及者也神司淵隱

為天降祥　亦必受天之命所以明有禮樂幽有鬼神
天理人心　其致一也朕君四方雖明智弗類代天理
物之道實釐于衷思應天命此神所鑒而簡在
帝心者君道之大惟典神天有其舉之承事惟謹句容縣城隍
聰明正直　聖不可知固有超于高城深池之表者世
之崇於神　者則然神受於天者蓋不可知也茲以臨
御之初與　天下更始凡城隍之神皆新其命睠此縣
邑靈祇所　司宜封曰鑒察司民城隍顯祐伯顯則威
靈丕著祐　則福澤溥施此固神之德而亦天之命也
司于我民　鑒于邑政享茲典祀悠久無疆主者施行

洪武二年正月　日

勑奉新縣縣丞張良成致仕

朕惟聖人之孝愛其所親繼志推恩朕所當務爾以才器事

朕

皇考太祖皇帝革除之際黜爾為民朕即位之初思

皇考所用之人召致録用爾既來朝筋力衰邁弗欲重勞以事

特錫冠帶宴賞仍舊職致政歸榮鄉里遂其優游撫

爾子孫勸鄉民子弟為善爾其欽哉故勑

永樂元年十二月二十四日

勑工部主事高志幷父母妻室共四道

皇帝勑曰工部掌天下百工山澤之政令其屬有四皆置郎以
長之而恊賛其事者亦必得人乃克有濟爾承德郎
工部營繕清吏司主事高志發身賢科授以斯職克
著勞效亦既歷年兹特賁以寵章錫之勑命服此隆
恩益懋厥職以稱朕任使之意欽哉

皇帝勑曰為臣能勤於職務國家既有以褒榮之而復推恩及
其親者所以惇本始而為天下之為父母者勸也爾
高玉乃工部營繕清吏司主事高志之父積善毓慶
致有子為國之用兹特封爾為承德郎營繕清吏司
工部主事爾其服此隆恩永綏禄養益勤祇慎光我

命詞欽哉

皇帝勑曰國家制推恩之典以寵任事之臣其能盡心於職務者則必榮及其親所以示嘉褒而勵忠孝也爾營繕清吏司主事高志母陳氏慈惠善柔著于閨闈用生令子克舉其官茲特封爾爲安人祇服榮恩益隆壽祿

皇帝勑曰朕惟人臣克效勞於國者雖本於父母蓋亦有伉儷內助之力也故推恩之典必及之爾工部營繕清吏司主事高志妻蔣氏克盡婦道以相其夫致能盡心於所職茲特封爾爲安人服此榮恩永光閨閫欽哉

洪熙元年五月初八日

誥封戶部員外郎張銘并父母妻室共五道

皇帝制曰國家任戶部以戶口田賦金帛之政而制屬特詳俾各分理一方非志存乎公清才堪乎繁劇弗足以稱爾奉訓大夫戶部江西清吏司員外郎張銘發身賢科擢掌使命陞秩副郎用克勤慎茲特錫之誥命以示褒榮服此茂恩益脩厥職朕方以養民之政寄之戶部爾必公必廉毋狃於習庶副朕懷尚有顯官寵爾後效欽哉

皇帝制曰朕惟為人子者孰不欲顯揚其親故子之賢而能宣力效職者朝廷必推恩以服之所以遂其顯親之心

而勸天下之為孝者也爾戶部江西清吏司員外郎
張銘故父文禮善積于躬慶延于後是致有子效用
於時推厥本原宜錫寵頒今特贈爾為奉訓大夫戶
部江西清吏司員外郎靈爽不昧尚克承之
皇帝制曰朕惟人子之材雖本於父而資於母德亦深矣故國
家推恩臣下存則有褒榮之命歿亦有追贈之典焉
爾王氏乃戶部江西清吏司員外郎張銘之母夙有
德善著于閨門是生令子為國之用揆厥所自宜有
顯褒茲特贈爾為宜人靈其歆承以賁幽壤
皇帝制曰朕於任職之臣既推恩於其親而又榮及其配者所

以明國典而厚人倫也爾戶部江西清吏司員外郎
張銘故妻陳氏夙謹婦道用相其夫既巳早歿兹特
贈爾為宜人服此榮恩永光幽穸
皇帝制曰朕惟人臣克效勞於國者雖本於父母蓋亦有伉儷
內助之力也故推恩之典必及之爾戶部江西清吏
司員外郎張銘繼室王氏克謹婦道以相其夫致能
盡心於所職兹特封爾為宜人服此榮恩永光閨閫
欽哉
宣德四年十二月十八日
誥封兵部郎中謝璘并父母妻室共六道
皇帝制曰兵部古司馬之任卿佐朕自擇之其屬有四所以典

選授辯地域與夫駕乘庫兵之務厥任匪輕必得其
人始稱任使爾行在兵部車駕清吏司郎中謝璘發
身賢科擢屬秋官陞秩於斯克效勞勩既歷歲年考
績惟稱茲特錫之誥命授奉政大夫以示褒榮服此
隆恩益懋公清之行庶幾以稱朕之任使爾惟欽哉
皇帝制曰國家於臣下既有中命之榮斯於其親亦有加焉蓋
厚倫重本之道也贈承德郎行在兵部山東清吏司
主事謝讓乃行在兵部車駕清吏司郎中璘之父積
慶遺後而既蚤歿盖嘗因子推恩矣今子叙陞亦宜
進爾之秩肆再贈為奉政大夫行在兵部車駕清吏

司郎中靈其承之永賁泉壤

皇帝制曰孝子之愛其親靡有存殁之間也故朝廷推恩於臣必及其親者所以體其心而重大倫也安人時氏乃行在兵部車駕清吏司郎中謝璘之母既因子受追贈矣子今進官亦進爾之榮命贈爲宜人幽壤不昧光賁無窮

皇帝制曰孝子於被恩榮而必欲及其親者人情之所同也故朝廷於臣下有封父母及加封之制所以體其心而隆其孝也爾兵部車駕清吏司郎中謝璘繼母太安人王氏因子受封盖有年矣子今封官亦加封爲太

宜人服此恩命益懋敬之

皇帝制曰妻與己齊人倫之正也肆朝廷推恩其夫必有及之

封安人湯氏乃行在兵部車駕清吏司郎中謝璘之

妻嘗受封矣今特進職茲亦進爾之榮贈爲宜人服

此隆恩永賁幽壤

皇帝制曰國家推恩臣下而必及其室家者所以厚人倫之本

也行在兵部車駕清吏司郎中謝璘繼室王氏克勤

内助茲特封爲宜人服此隆恩毋忘儆戒欽哉

宣德九年四月二十九日

勅封大理寺評事潘延并父母妻室共五道

皇帝勑曰刑者民命所係古先哲王莫不慎之今天下之刑皆
評於大理其卿與百僚自擇之至於厥屬尤在得人
爾文林郎南京大理寺右寺右評事潘延發身上庠
擢任斯職評刑析獄式克慎勤茲特錫之勑命以示
褒榮夫士之於刑不患其不通特患深文流於忍刻
爾其益致明慎庶幾稱朕矜恤之意欽哉

皇帝勑曰朕惟羣臣之任職者必推恩於其親所以示褒榮之
典而勸天下之爲父者也爾潘榮貴乃南京大理寺
右寺右評事延之父積善垂慶致有令子效用於時
而禄養不逮揆厥所自宜有顯褒茲特贈爾爲文林

郎南京大理寺右寺右評事服斯寵命永慰貞靈

皇帝勅曰子之愛親皆欲貴之斯實天性君之體臣必因所欲而推恩焉夫豈間於存歿哉爾張氏乃南京大理寺右寺右評事潘延之母克篤慈訓致子能官而禄不逮養撫厥本源宜隆恩命兹特贈爾為孺人服此休嘉永光泉壤

皇帝勅曰國家於任職之臣既褒其親而又推恩及其家室者所以厚人倫也夫豈有存歿之間哉爾張氏乃南京大理寺右寺右評事潘延之妻夙謹婦道克相其夫兹特贈爾為孺人尚克歆承永光幽壤

皇帝勑曰朕惟人臣克勤於職務者雖由父母之訓亦資伉儷
相成之力也故褒封之典必及之爾南京大理寺右
寺右評事潘廷繼室朱氏克勤内助以成厥家茲用
封爾為孺人尚克賁寵祗承無怠

正統十二年十二月十三日

勑封欽天監秋官正高晃并父母妻室共四道

皇帝勑曰朕惟造曆制器審天象以授民時乃國家為治之先
務而欽天監實惟其司長貳之職朕自擇之至於其
屬亦必得人庶稱任使爾承德郎欽天監秋官正高
晃通於曆象擢職於斯歷歲滋多克勤慎是用錫

之勅命以爲爾榮爾其益懋乃職審於占候精於考
驗以稱朕敬天勤民之意欽哉

勅曰國家推恩臣下必及其親者所以重本而勸孝也而何間
於存殁我欽天監秋官正高晃父信慶鍾厥子而禄
養不逮撥其所自宜有顯褒今特贈爲承德郎欽天
監秋官正靈其不昧尚克承之

勅曰朕惟群臣之才者固本於父亦必資母德焉存有褒榮殁
有追贈此有國之通制也欽天監秋官正高晃之母
張氏有子能官而不逮養沂惟所自宜錫褒榮茲特
贈爲安人尚克承之永賁幽壤

勑曰夫婦人之大倫故朝廷推恩命必及之欽天監秋官正馬
冕妻王氏克相其夫兹特封為安人祇服榮恩永光
閨閫
景泰元年八月二十七日
勑封監察御史張諫并父母妻室共五道
皇帝勑曰朝廷設監察御史欲其振紀綱而勵風俗以弼成國
家之治厥任匪輕爾福建道監察御史張諫發身科
第擢任行人簡授斯官克振風紀以舉厥職是用進
爾階文林郎錫之勑命以示褒嘉夫官以察為名以
言為職在明大體而略細故在愛君子而抑小人其
益端爾志堅爾守毋私於法毋撓於勢毋許以為直

母苟以為能明以燭之公以行之懋脩不懈尚有顯
秩需爾後效欽哉
勑曰朕惟人子之心孰不欲顯其親故群臣之任職者必有推
恩之命所以体其心而勸孝也福建道監察御史張
諫父逸善積乎躬訓成厥子用舉其官宜錫寵榮以
隆優典茲特封為文林郎福建道監察御史爾其祇
承毋忝嘉命
勑曰子之愛其親者皆欲貫之斯實天性故子之能舉其官者
朝廷必因所欲而推恩焉爾孫氏福建道監察御史
張諫之母克惇母道致有賢子為時之用揆厥本源

宜隆恩典茲特贈為孺人爾其有知服斯榮命

勑曰夫婦人之大倫推恩群臣命必及之而於存殁一也福建道監察御史張諫妻王氏克相其夫而已早沒茲特贈為孺人服此茂恩永慰冥漠

勑曰國家推恩臣下必及其室家者所以厚人倫之本也福建道監察御史張諫繼室沈氏克勤內助以相其夫茲特封為孺人益懋祇承毋忘儆戒

景泰三年九月二十日

勑封監察御史張紳并父母妻室共四道

皇帝勑曰朝廷設監察御史欲其振紀綱而勵風俗以弼成國

家之治厥任匪輕爲非其人曷膺是選爾南京雲南
道監察御史張紳發身科第擢官行人追遷耳目之
司懋揚風化之職似茲才揩宜有褒揚今特進爾階
文林郎錫之勑命以爲爾榮夫官以察爲名以言爲
職在明大體而畧細故扶君子而抑小人其盡端爾
志堅爾守毋私于法毋撓于勢毋許以爲直毋苛以
爲能明以燭之公以行之懋脩不懈尚有榮名需爾
後效欽哉

勑曰朕惟人子之孝皆欲顯其親故人臣之任職者必有推恩
之命所以體其心而勸孝也南京雲南道監察御史

張紳父以寬積善累仁篤生令子效用於時克舉其
官宜錫寵榮以示褒嘉茲特封爲文林郎雲南道監
察御史爾其祗承毋忝朕命

勅曰國家於任職之臣必褒顯及其親者所以重源本也爾周
氏子南京雲南道監察御史張紳克勤厥事皆爾善
德所致茲特封爲孺人服此榮恩尚懋敬之

勅曰夫婦人之大倫故朝廷推恩群臣命必及之南京雲南道
監察御史張紳妻許氏克勤內助以相其夫茲特封
爲孺人服此茂恩永光閨閫

景泰五年九月十二日

誥封吏部尚書曹義幷祖父母父母妻室共八道

皇帝制曰尚書政本所係而吏部考擇賢材布列百司以成天下之治任尤匪輕自非縉履純正識鑑精明曷克稱茲咨爾南京吏部尚書曹義游心儒術發迹賢科器識寬平恭勤周慎事朕

祖考列職清華累進秩於天官不渝素履歷銓衡於人物益著賢名宜恩命之有加示隆眷之無替特進爾階資政大夫錫之誥命以爲爾榮於乎制治本於建官建官在於得賢尚悉乃心力明於知人思選舉之惟艱副和一之匪易必使才稱其職民受其惠而後爲爾之

能設或官匪其人民受其殃豈非爲爾之咎可不致
慎其往欽哉
皇帝制曰夫凡有德惠以及其親疎遠邇之人故使有賢裔以
任我股肱心膂之職天既降祥以報其善朕宜推恩
以順乎天矧爲大臣之先可無增秩之寵爾贈通迪
大夫吏部右侍郎曹仲達乃南京吏部尚書曹義之
祖積德累仁既蘊而弗燿貽謀遺慶乃久而益華肆
天祚於厥家俾世濟於其美致朕卿臣得爾令孫宜
有寵章以須異數茲特加贈爲資政大夫南京吏部
尚書服此榮恩昭于永世

皇帝制曰朕惟人臣之賢固本於父母之教亦必有祖德積累
于其先肆國家推恩於臣下泝流而窮源由末以及
本此忠厚之政也爾贈淑人李氏乃南京吏部尚書
曹義之祖母端莊柔惠著于閨閫有孫顯榮寔爾之
慶推原所自宜舉褒崇茲特加贈為夫人服此茂恩
永光泉壤

皇帝制曰朝廷有賢賢之政以寵大臣必遂其親親之心以嘉
孝子故親雖有存歿而禮可無贈封爾贈通議大夫
吏部右侍郎曹均昂乃南京吏部尚書曹義之父勤
以肄業善以存心稱于鄉鄰州閭謂乎仁義忠信有

此令德隱而弗彰天用降休顯其後嗣宜推恩典以
所從來特加贈爲資政大夫南京吏部尚書服此寵
章綏爾賢詞

皇帝制曰人子之賢固本於父之教而亦必有賢母以相助之
而後克有成焉爾贈淑人經氏乃南京吏部尚書曹
義之母温柔和惠作配君子篤生賢嗣爲國輔臣今
子既進於顯榮爾亦宜加於褒咨茲特加贈爲夫人
享此光華用昭永世

皇帝制曰國家登庸賢俊以圖治功祿秩既榮其身褒贈必及
其親非徒所以勸孝亦且以勵乎忠此古今帝王之

通制也爾贈淑人吳氏乃南京吏部尚書曹義繼母作嬪名門克相君子式篤厥愛慶延于後效用累朝爲予卿臣揆厥所自宜有褒嘉玆特加贈爲夫人貴命之榮永慰宜漠

皇帝制曰朕於輔治之臣既推恩於其親而又榮及其配者所以申恩典而厚人倫也南京吏部尚書曹義之妻贈淑人孔氏出自名宗歸于賢士既克勤於相助可無進於顯榮誥命之頒宜從夫命特加贈爲夫人錫貴九原尚其歆服

皇帝制曰夫婦五倫之一故朝廷錫命群臣而必及其配者所

以嘉內助之道也南京吏部尚書曹義繼室淋人張
氏柔良之行溫惠之德克勤婦道以成厥家夫既顯
榮爾亦宜貴特加封為夫人命典之重光賁無窮
景泰五年九月十二日
勑封監察御史曹景幷父母妻室共各道
皇帝制曰朝廷設監察御史欲其振紀綱而勵風俗以弼成國
家之治厥任匪輕必得公恕之士庶克有稱爾福建
道監察御史曹景發身賢科擢官風紀克勤振勵之
公茂著激揚之譽歷年既久考稱厥職茲特進爾階
文林郎賜之勅命以示褒榮夫官以察為名以言為

戢在明大體而略細故扶君子而抑小人并益端爾
志堅爾守無私於法毋撓於勢毋訐以爲直毋苛以
爲能明以燭之公以行之懋脩不懈尚有榮名需爾
後效欽哉

皇帝勑曰朕惟人子之孝必顯其親故群臣之任職者必有推
恩之命所以體其心而勸孝也福建道監察御史曹
景之父子琛脩德好義延譽鄉邦致有賢子爲國之
用推厥所自宜錫褒寵兹特封爾爲文林郎福建道
監察御史爾爲欽承永綏壽禄

皇帝勑曰國家推恩臣下必及其親者所以重源本也福建道

監察御史曹景之母高氏慈惠善柔敦隆母道有子
登用克舉厥官揆其所自宜隆恩命今特封爾爲孺
人服此光華益隆壽祉

皇帝勑曰夫婦人之大倫故朝廷推恩群臣命必及之而於存
殁一也福建道監察御史曹景之妻孔氏夙謹婦道
而已登殁兹特贈爲孺人九原有知服斯榮命

皇帝勑曰國家推恩群臣而必及其家室者所以厚人倫之本
也福建道監察御史曹景之繼室龐氏克修婦職以
相其夫今特封爲孺人服此茂恩毋忘儆戒

景泰五年三月初九日

勑封中書舍人曹昺并妻室共三道

皇帝勑曰國家命令所以布告四方訓飭有位布德惠行仁義者也而中書舍人實掌之職清地密不輕畀人爾中書舍人曹昺蚤以賢選獲進脩於翰林擢屬鴻臚俾效勞於館閣比進文翰侍從之職益著端慎勤敏之稱積有歲年宜加恩典爾父南京吏部尚書曹義嘗自受國恩矣兹特進爾階徵仕郎錫之勑命以爲爾榮矣夫居侍從典翰墨士之位于此者可謂榮矣然朝廷之懸爵祿以待士蓋進進未已焉往亦懋脩以隆後榮欽哉

皇帝勑曰朕惟人臣能效勞於國者雖本於其父母蓋亦資伉
儷内助之賢故推恩之典必及之不以存殁而有間
也爾中書舍人曹晃故妻孫氏克謹婦道以相其夫
致能盡心於所職夫既顯擢而不偕貴而已早逝兹
特贈爾爲孺人命服之華永光幽室

皇帝勑曰國家錫命臣下而必及其家室者蓋嘉其有内助之
美也爾中書舍人曹晃繼室陳氏克相其夫以舉職
務兹特封爲孺人祗服隆恩永光閨閫

景泰六年九月初四日

勑南京吏部尚書曹義致仕

皇帝勅諭吏部尚書曹義卿以文學發身賢科敭歷華要遷陟六卿典選著公平之譽議事有忠讜之言比朕聞之良用嘉嘆顧惟卿年既及不忍煩於留務特賜歸閑卿其尚體茲優老之意安於晚節以爲老者勸後進焉故諭

天順元年四月初十日

誥封陝西按察司僉事張紳

皇帝制曰國家設按察司欲其昭憲度徵官邪平訟獄正風俗非剛方明決之士曷稱斯任爾陝西按察司僉事張紳發身科第擢官行人暨膺風紀之司遂陟外臺之佐歷年滋久聲譽益彰是用進爾階奉政大夫錫之

誥命以示褒嘉於乎朕方慎選風憲丕圖化理爾其
體朕至意毋瘝厥官毋私于法必使紀綱振夆郡縣
肅清庶臻治平之效爾惟欽哉毋替朕命
天順四年九月初四日
誥封真人孫道玉
皇帝制曰朕惟道教崇清虛之本極功化之妙上以陰翊皇度
下以福庇生民今古攸同其来尚矣咨爾道錄司左
正一孫道玉賦性通敏凝志静冲寄跡黄流已造真
玄之境游心物表恒存利濟之誠上叅無為導迎景
貺昔

先帝之臨御承恩寵以非常顯神明不測之功運靈機至道之
賓嘗屢優於眷待尚未愜於褒嘉今特封爾為洞微
體順凝誠養默致虛守靜光範悟法弘教真人掌道
教事錫之誥命以為爾榮於戲惟精白可以体道惟
寅清可以祝釐達悃誠於上穹庇群生於斯世尚其
慎服永賛鴻休欽哉
成化元年三月初五日
誥封楚望縣主及儀賓王陵共二道
皇帝制曰朕聞有天下者必篤親親之義故宗室之女咸有封
號所以示貴寵也叔都昌王長女年已長成特封為

楚望縣主以爲儀賓王陵之配既歸王氏之門宜恪
遵婦道整肅閨儀毋怠毋驕式勤内助其於父母生
身之恩無忝焉欽哉
皇帝制曰人之大倫必先於夫婦禮之大節莫重於婚姻此古
今之通義也今特命爾王陵爲亞中大夫宗人府儀
賓配以楚望縣主爾尚崇德敬禮克慎威儀毋怠毋
驕用昭寵命欽哉
成化五年七月初一日
勑封真人孫道玉父母共二道
皇帝勑曰親之積善者餘慶必及其子子之效用者寵命必及

其親此國家制推恩之典以勵羣臣一本乎天理人
情之至也惟由道入官者寵数未列於常典須錫特
出於異恩爾孫德祥乃洞徹體順凝誠養默致虛守
靜光範悟法弘敎眞人掌道敎事道玉之父善積于
躬慶延于後篤生賢嗣早悟玄宗歷事
先朝洊承寵眷丕揚道法屢致感通肆朕嘉其祝釐之誠體其
孝親之志特追贈爾為太常寺寺丞嗚呼生有善者
歿有榮名尚克欽承永慰冥漠
勅曰母以訓子為慈子以顯親為孝肆朝廷推恩臣下必有褒
榮之典而效勞有自者可無異数以嘉答其所生哉

爾淑氏乃洞徹體順凝誠養默致虛守靜光範悟法
弘教真人掌道教事孫道玉之母夙有慈善孝聞
門訓子成名克振玄教宜須恩數以彰慶源特追贈
爲安人靈爽如存尚其祗服
成化十年九月十三日

勅封行人司行人湯鼐

皇帝勅曰行人之職所以宣朝廷命令於四方必得端謹之士
庶克稱焉肆我國家擇進士以任之爾行人司行人
湯鼐發身賢科擢居是職歷年滋久克效劳勤宜錫
寵恩以示褒顯是用進爾階脩職即錫之勅命以爲

爾榮爾其益盡乃心毋怠厥職庶稱任使之意欽哉

成化十六年十二月二十五日

勅封經歷司經歷經文憲幷父母妻室共四道

皇帝勅曰國家兵衛之設所以分理軍政長貳皆以武臣處之
至於幕職亦必得人乃克有濟爾羽林左衛經歷司
經歷經文憲發身胄監擢任今官歷歲既深考績惟
稱是用進爾階徵仕郎錫之勅命以為爾榮尚益盡
心毋怠厥事欽哉

勅曰國家推恩臣下必及其親者所以重本而勸孝也而何間
於存歿式爾經永剛乃羽林左衛經歷司經歷文憲

之父慶鍾厥子祿養乃遂擢其所自宜有褒嘉茲特
贈爲徵仕郎羽林左衛經歷司經歷九原有知服斯
寵命
勑曰國家於任職之臣必褒顯及其親者所以重源本也爾顏
氏乃羽林左衛經歷司經歷經文憲之母訓成厥子
效用于時擢厥本源宜隆恩典茲特封爲太孺人服
此榮恩永綏祿養
勑曰夫婦人之大倫故朝廷推恩群臣命必及之爾羽林左衛
經歷司經歷經文憲妻張氏克脩婦道以宜厥家茲
特封爲孺人服此榮恩毋忘儆戒

成化十八年八月　日

勑張家灣宣課司大使陳勗

皇帝勑曰國家稽古建官於凡税課之事皆置官以掌之必在得人乃克有濟爾順天府張家灣宣課司大使陳勗蚤由才胥授以斯職歷年既久課績有成是用進爾階登仕郎錫之勑命以為爾榮其益盡心毋怠厥事

欽哉

諭祭文

維景泰四年歲次癸酉二月戊子朔二十五日壬子

皇帝遣禮部郎中黄順賜祭右都督進封溧陽伯謚僖順紀廣

曰爾以將臣受任邊閫多歷年所克效勞勤宜享安

榮胡遽云殁訃聞來報良切悼嗟慰爾冥靈錫以封

謚爾其不昧尚克歆承

維景泰四年歲次癸酉二月戊子朔二十九日丙辰

東宫遣禮部員外郎八通祭右都督追封溧陽伯謚僖順紀

廣曰爾國之武臣榮膺祿位久在邊鄙克效勞勤茲

以疾終良可嗟悼特用遣祭尚其歆承

維天順六年歲次壬午正月丙申朔越二十一日丙辰

皇帝遣應天府府尹王弼賜祭于南京吏部尚書曹義曰卿德厚學優早擢科第歷官翰苑遷職天曹兼領鞮譯著該博之名贊典銓衡藹公平之譽端慎自執久而弗渝曁朕率師北征命卿協助居守勞勤克效嘉績良多顧惟忠純進階冢宰曁朕復位特念耆英寵以璽書賜其歸老正宜優游晚景云胡一疾告終追昔撫今曷勝悼嘆特命有司營葬諭祭靈爽不昧尚克欽

承

維天順六年歲次壬午十二月辛酉朔越二十二日壬午

皇帝遣應天府治中劉囙賜祭于南京吏部尚書曹義曰自卿
云亡日月寖遠追念賢弼恒感于懷嗚呼君臣之誼
所繫大矣兹當窀穸特用遣奠靈其有識祇服如存
維成化七年歲次辛卯十二月戊辰朔十四日辛巳
皇帝遣應天府治中張春諭祭于太僕寺卿張諫曰惟卿發身
賢第擢官風紀剔歷中外效勞有年逮遷京兆進堂
太僕公勤有守聲績彰著正兹委任胡遽云亡追念
往勞賜以葬祭爾靈不昧庶克欽承
維成化二十年歲次甲辰九月乙酉朔越二十六日庚戌
皇帝遣南京守備司禮監太監黄賜致祭于

東嶽上卿司命太元妙道冲虛聖祐真應真君
定錄右禁至道冲靜德祐妙應真君
三官保命微妙冲慧仁祐神應真君　惟
神清虛冲澹秉正存忠靈妥三茅功施社稷
朕自即位以来二十年矣四海奠安萬方寧謐惟賴
神之靈貺以致于斯今特諭祭
神其不昧尚冀鑒之尚饗

句容縣志卷之七

句容縣志卷之八

儒學訓導滸溪程文仲昭纂輯
致仕同知邑人王韶思舜校正

題詠類

古今雜賦

齊梁詩

荅詔問　陶隱居

山中何所有嶺上多白雲只可自怡悦不堪持寄君

初入茅山作　桓法闓

寒谷夜將晨置嘗復尋真方壇惡容棄澈水度朱鱗

杏林雖伏獸芝田詎俟人丹成方轉石爐变歘銷銀
當知勝地遠於此絕囂塵

酬華陽陶先生　沈約

三清未可覿一氣且空存所願回光景拯難援危魂
若蒙九丹贈豈懼六龍奔

答句曲先生　范雲

終朝吐祥霧薄晚孕奇烟迴澗生芝草重崖出醴泉
中有懷真士披褐守沖玄石戶棲十秘金壇謁九仙
乘鷁方馥溪鸞鶴上騰天

唐詩

送鄭員外入茅山　　皇甫冉

但見全家去寧知幾日還白雲迎谷口流水出人間

冠冕情遺世神仙事滿山其中應有物豈貴一身閒

山居即事　　顧况

下泊降茅仙蕭閑隱洞天楊君閑上法司命駐流年

崦谷桃華水窓分柳谷烟抱孫看種樹倚杖問耘田

世事休相擾浮名任一邊由来謝安石不觧飲靈泉

題桃華崦　　顧况

崦裏桃華逢女冠林間杏葉落仙壇老人方授上清

籙夜聽步虚山月寒

送顧況歸茅山　常夏卿

聖代為遷客虛皇作近臣法尊稱大洞學淺忝初真
鸞鳳文章麗烟霞翰墨新羨君尋句曲白鶴是三神

答贈木耳　韓愈

軟濕青紅狀可猜欲烹還喚木盤回想君直入華陽
洞割得乖龍左耳來

寄華陽孫鍊師　李德裕

何地最翛然華陽第八天松風清有露蘿蔦淨無烟
乍警溪壇鶴時嘶玉樹蟬欲馳千里思唯恋鳳門泉

柳谷汧以居　權德輿

下馬荒郊日欲曛潺潺石溜靜中聞鳥啼花落無人處寂寞山窓掩白雲

茅山贈梁尊師　許渾

雲裏何年客青山白日長種花春掃雪看籙夜焚香上象壺中濶浮生夢裡忙幸承仙籍後乞取大還方

題陰陽井　仝前

仙人修煉地玉井著神功日月雙輪見陰陽兩竅通可堪清徹底那更施無窮尚與丹砂力當澆俗慮空

金陵道中酬茅山廣文　皮日休

寒山嵐依約認華陽遥想高人卧草堂半日始齋青飯

飯移時空印白檀香鶴鶵入夜歸雲屋乳管逢春落
石床誰道夫君無伴侶不離窓下見羲皇

和前韻　　陸龜蒙

一片輕帆背夕陽望三峯拜七真堂天寒夜漱雲芽
净雪壞晴梳石髮香自拂烟霞安筆格獨開封檢試
砂床莫言洞府能招隱會輾飆輪見玉皇

遊茅山　　杜荀鶴

步步入山門仙家鳥徑分漁樵不到處麋鹿自成群
石面迸出水松頭穿破雲道人星月下相次禮茅君

宋詩

題茅山　　楊至質

玉胏空浮巳字山五門不鎖洞天寬紫芝可餌秋尋术紅酸難埋夜見丹發出一牛方水草飛來三鶴各峯西仙蹤寂寞高風遠誰爲先生揩額瀕

題大茅峯　　王元復

五雲金紫湧仙宮十八灣尖第一峯木石陰陰風颭颺方池擁看小神龍

登大茅峯　　王介甫

一峯高出衆峯巔疑隔塵沙路幾千俯視烟雲來不極仰攀蘿蔦去無前人間巳換嘉平帝地上誰通句

曲天陳迹是非今草莽絲絲流俗尚師傳

題中茅峯徐鍇篆字　仝前

百年風雨草苔昏尚有當年寶墨存祇愁終隨嶧碑
盡西風吹燒滿秋原

登三茅峯　仝前

捫蘿路到半天窮下視茅州杳靄中物外真游來几
席人間榮顯付苓通白雲坐處龍池杳明月歸來鶴
馭空回首三君誰更似子房家世有高風

將赴南徐任游茅山有作

丹陽太守意何如先謁茅卿始下車展節事君三黜

後收心奉道五旬餘回尋靈藥逢芝圃欲叩真關借
玉書不用從人問通塞天教吏隱接仙居

題華陽洞　張商英

素虎斑虬躡紫烟幾看滄海变桑田赤城玉笥尋真
後又到華陽第八天

登茅峯　王安石

翛然杖屨出塵躅鷄犬無聲到沉寥欲見五芝莖葉
老尚攀三鶴羽翰遥容溪影轉迷横徑仙几風来得
堕樵輿羅日斜歸亦懶更磨蒼蘚認前朝

題華陽南洞　周文璞

稽首遊靈山駕言入華陽南洞極閟怪松深泉水香
曲几妙隸畫鉅石刋靈章俛首窺雲門冷風襲綃裳
守菴敬愛客暖我紫术湯遺我鵝眼錢云是洞所藏
往有尋幽徒入見黃金墻侈心或已起幾受奇鬼戕
凡身倘會遇敢恨飛蓬霜更有尺宅地便築安閑房
朝披神芝圖暮試飢飯方

題燕口洞　田霖

燕口龍泓氣象清錢真化處有遺靈仙兄去後師猶
在女弟囬時洞已扃雲葉尚如披素練泉聲長似誦
黃庭瑶蕊花發菖蒲紫留與人間作畫屏

元詩

登大茅峯　梁棟

杖藜絶頂窮追尋青山世路争嶇嶔碧雲遮斷天外眼春風吹老人間心大君上天寶劒化小龍入海明珠沉無人更守玄帝鼎有客欲問秦皇金顛崖誰念受辛苦古洞未易潛幽深神光不破黮暗惱山鬼空作離騷吟我来俯仰一慨慷山川良昔人民今安得長松撑日月華陽世界收層陰一聲長嘯下山去草木為我留清音

登中茅峯　吳全節

壇高青石古峯小白雲多樂奏仙君喜茶香使客過神丹藏薤笈清露滴松蘿路接金鰲背回軿發浩歌

題積金峯　白珽

鸞羽穿林看細碎健輿繞石聽欹斜道人住近茅峯北一簇樓臺五色霞

題金菌山二首　趙孟頫

靈丘狀三秀紫雲覆其巔易我朝生質閱彼大椿年結屋依菌山焚香候芝蓋真靈幸憫我冠珮時來會

題羅姑洞　仝前

九疑得道女受事易遷家詩贈金條脫人逢鄂綠華

題霞架海

日芒界金色虹梁飲鳳阿直把天孫袂鳥鵲詎填河

題鶴臺

静夜颯靈風神君語帳中至今雙白鵠時下五雲峯

題桐華源

華林清散景丹水碧凝脂落葉秋無数宜都懶寄詩

玄洲精舍

李基遺故鼎趙嘯絶風雲悠悠千載下更復属夫君

題茅山西峯　　　　　　　　　　　　　　　　　薩都剌

玉珮丁當下界聞天風吹動碧霞裙劉郎跨鶴遊三

島王子吹笙到五雲洞府夜光傳玉印石壇月黑禮茅君若逢天上吴夫子應問丹砂煉幾分

遊茅山　月忽難

大茅峯頂神仙府石徑崎嶇幾屈盤老兎幻來呈玉印蟄龍飛去頼金丹喬松白鶴天壇遠流水碧桃仙洞寒何處吹簫明月下珊珊環珮欵驂鸞

題許長史井　趙世延

因觀長史陰陽井始悟混元玄牝門一勺三田勤灌溉無根靈草自春温

題喜客泉　吴全節

萬珠寒湧碧琉璃山色天光湛一池客本喜泉泉喜
客闌干倚遍立多時

題九曲溝　　　　　　　　　　戈鎬

句曲城東路春溝九曲長暖香浮浅草新緑蔭垂楊
自作迂迴勢都非一鑑光逶迤如兎窟盤屈似羊腸
蛇陣縱横起龜紋宛轉藏游魚難作隊浴鷺不成行
已訝窺眉月仍愁照鬓霜無因翻錦浪有意漾銀潢
泒接秦淮水波涵雨露香尋源如可到細得見微茫

題喜客泉　　　　　　　　　　倪天奎

斯泉定何神客至粲然喜水何預人事是亦氣機使

坐看百琲珠生滅了無巳客問從何来如雷起處起

題雙瑞圖

樊淵

鯉湖蓮幹雙涇德芝埀九古来天地間嘉瑞亦云有
芝蓮信異美未必可粮糗何如貽麰麥待哺悦衆口
不見春秋時筆削若魯叟有瑞皆不書無麥乃深咎
麥登巳足喜何况兩岐秀富媪出秘珍夫此事豈偶
向来瑞漁陽歌詠鏗宇宙自從絶響後何人繼其後
句容本山邑田少草木茂去歲罹旱灾民食炊劒首
冬冬雪兆宜麥大嚼睨田畝今年春雨多尚恐雷車驟
豈意漁陽歌復歌千載後此歌賢令尹彼歌賢太守

固知天人應政出造化手令尹不爲功盖以謹自守但云麥雖瑞未必禾瑞否民間病已多一瑞未足救願言推君仁溥作八荒壽舜風妙長養傅霖澤枯朽豐年多黍稌三四錢米斗飽飯山中人黄雞酌白酒

又詩

和氣能臻瑞應嘉天人相與本無差瀛陽舊有兩岐麥句曲今聞並蔕瓜歌頌歸功新尹政山林曾重野人家老農老圃交相賀稛載汙邪又滿車

哭錢浩翁

雲默龍幽淚本枯孝心煉得鶴形癯青燈如豆三生

話淡墨衣冠九老圖雷動花城聞鷰剡月明蓬海憶
遊珠袛應身後香名在好種梅花繞墓廬

題愛山堂　吳淇

坤維峙絳巖巨靈扶玉局正東三茅居修蛾點新綠
乾岡認鍾阜銛味鶖鵰浴直北高驪岑遠營出雙鬟

龍潭山　黃溍

二月清江照眼明避風舟楫滿迴汀斷雲挾雨時時
黑容棄藏花樹樹青習隱未成陶令賦行歌聊共屈
原醒碧潭光景無消息坐看魚兒點翠萍

題下泊宮　陳輔

咸陽龍虎此飛昇二弟東山道亦成不見棠梨司命
宅空餘丹井一泓清

三茅山道童遇白兎入穴掘之得九老仙都君玉
印一顆乃宣和故物也　吴全節

瑤璞篆刻鎮華陽猶帶宣和雨露香玉兎有靈開地
藏金童無意得天章九重臺上增春色萬里書中耿
夜光喜遇明時薦神瑞三君珍重護宏綱

國朝

題月灣池　高季迪

千江明月秋無際獨有灣頭明月異灣頭十五月方

弦、半璧嬋娟半猶未月明在天先在水水月天月本
非二豈緣醉眼自圓缺看未成碧醜成魘不然水府
食、妖蟇安乃神仙為狡獪嫦娥擘半面羞太滿恐為
人所忌圓非真圓缺非缺造化掀騰等兒戲我來送
容秋正中香影婆娑落霜桂邀我同吟月影詩自愧
詩脚少清氣

題丫頭山　　胡熟

山名何爭喚丫頭不解迎人不解羞雨過蜂腰如抹
翠烟迷螺髻似含愁容光儘有諸般秀根骨渾無一
點柔今古憑誰作媒妁只教擔閣萬千秋

遊茅山　　袁忠徹

若有人兮仙爲徒佩明月兮御飈車遥指三茅之絶境不踏赤鯉遊蓬壷夕宿白雲之真館晚謁紫陽之穹廬手招茅君翠微裡瑶池青鳥飛來孤千年石壇長瑶草琨枇花落春糢糊坐談裘枝鶴斫折松聲洶湧鷩猿呼高攀積金峯絶巘開芙蕖載窺華陽洞崖石争盤紆長時霏翠洒空雨須濛書濕丹霞裙龍湫水腥兮啓蟄鶴頂曷化兮成鳧嗽石髓於空谷歃洞章於雲衢蹤黃鶴以覽八極占斗罡而步靈虛靈童两两降仙嶠遺我五色之珊瑚秘授丹藥訣緑簡金

魚書養真可以保長生慎勿輕泄驚凡夫回首叫升
元烟霧迷跡途月出杳難攀望〃隔玄都

題牛頭山　　胡照

尾足無聞首得名沿坑遺火耀瞳睛寒泉嗽月夜猶
喘芳草臥雲春不耕被地苔衣毛毿毶插天峯仞角
崢嶸只愁秋至桃林放嚼盡青〃瘦骨生

贈茅山道士趙希微老儒　　趙景先

妙齡講肄儒門方外優游齒德尊誠意正心探聖
學孫真養性躡天根道家玄牝知無恙魯國靈光喜
獨存遥望三峯若畫盈蒼烟映帶白雲痕

題玉真觀　　楊孟載

五色琳宮綴玉題，萬年瑶册秘金泥。屏風盡是青山
疊牖蓋都將綠樹迷。雲氣長陰時嘯虎，日華先曉夜
聞鷄。閑身願得同真侶，卧看呦呦麋引麛。

送茅山道士　　包師聖

華陽洞裏霜如雪，一草一木皆有靈。君子到時逢紫
术，羽人何處較黄庭。丹池六月秋無底，玄館千年晝
不扃。好去得聞鴻寶術，歸來須見兩瞳青。

夜宿茅山　　居仁

華陽一入遠塵氛，便覺仙凡兩地分。聚散烟霞隨處

夔疾徐鐘磬隔林聞猿來洞口啼殘月鶴到松稍蹤

破雲掃石焚香尋羽士夜深相伴禮茅君

題葛仙公遺菴　陳溫喻

仙翁飛去長松老寂寂荒基遶敗垣瘞劍塚崩群鼯

宿鍊丹井廢亂蛙喧苔封破鼎折蝸文蝕苔沒殘碑鳥

篆昏夜半子規啼血處精靈月下亦銷魂

題張節婦周氏　鄭叔羨

我觀名園竹冬夏長青青吁彼節婦心比竹尤能貞

寒燈照空房形影何煢煢粧臺委塵几長夜機杼聲

歲月亦云遠玉潔無瑕稱孤子育既長孝奉家有成

一朝　天書降旌節閭里榮誰云闈中行人世傳芳馨

登崇明寺塔　　唯穆

獨㳺雲梯最上頭凭欄一覽興悠々長江遠接三千里鍾阜高踰四百州瑞世曇花開鷲嶺應時甘雨出龍湫寶幢似得新詩意八面鈞天和不休

送道士王一初歸茅山　　曹義

三茅羽客王一初風標秋水涵芙蕖方瞳紺髮綠玉杖星冠寶劔青霞裾幾年栖息泉石間猨鶴為友雲為居有時帶雨斸靈藥有時枕石看道書有時呼童煮白石有時乘月歌步虛朝真屢謁茅君宅借榻幾

宿許史廬自從學得壺公術六丁六甲隨招呼一朝
膺薦来　帝闕拜官喜沐
恩寵殊曉辭丹陛出南陌都亭别我還躊躕北来始見跨獨鶴
南歸又見飛双鳬く杳く向何處遥望華陽深處
去華陽洞古閑白雲茅阜山高露靄晴霧我家住近三
茅峯幾見春風長琪樹書樓高構面崖嵬翠色浮嵐
足清趣徑遊薊北幾經年烟水微茫隔仙蹤有時清
夢落江南喬木琳宮宛如故一尊此日送君行客懷
感慨題長句他年
優詔許歸田来扣松関話衷愫

題集仙橋　　游冠卿

南橋頽廢長官盡新作川梁代濟舟上應星文橫北極下看虹影落中流慚無子產乘輿惠謾絶褒公蒂道憂路指茅山仙世界出題今為邑人留

送句容浦侯復任　　劉儼

相知總白首結交在青雲而我獨無補多君著奇勳句容接京國桑麻青氛氳閭巷樂絃誦黎庶安耕耘奏績忽復任贈言何所云丈夫為時用報
國加忠勤

送二尹劉侯考績　　曹義

佐邑三年政治平清勤惟慊著能聲寸心堅守氷霜
操一念常懷哺煦情夜月花村無犬吠春風郊野有
農耕于今秩滿朝
天去得最應知荷 寵榮

譚節婦 錢溥

自恨良人沒嫠居五十年秋風孤塚上夜雨一燈前
守死心如鐵褒生筆似椽名成身亦老無愧到重泉

同前 倪謙

嫠居當發歲辛苦閱春秋雨淚啼紅頰霜華映白頭
已成兒女計能慰舅姑憂千載共姜德何慚繼栢舟

登茅峯三首　　高志

峯頭宫殿路遥通杖屨髙凌杳靄中指點雲山問仙跡半空咲語落天風　右大茅峯

石路登登倦復躋行来不覺白雲低仙家多在烟霞裡樓閣參差望歘迷　右二茅峯

杖屨閑来看遠山白雲迢遆隔塵寰分明一段仙家景都在凭欄指顧間　右三茅峯

重遊茅山　　張銘

遊遍華陽洞裏天重来却憶十年前白雲還鎻燒丹竈碧澗猶通洗藥泉宦路山川頻跋涉仙家日月只

依然自從茅許飛昇後笙鶴蕭條隔暮烟

題茅山月淵清趣堂　胡濙

別搆仙居净絕埃八窓虛晃面池開月從句曲山頭出水自華陽洞口来萬頃寒光涵貝闕一天清氣燭瑶臺延生得授茅君術煉就丹砂火已灰

仝前　王僎

小小茅堂面水開清幽端不讓蓬萊秖容天上一輪月肯惹人間半點埃玉兎常年鳴藥杵蒼龍指日動春雷仙家忝透玄玄妙未許秋霜入鬢来

弔哭樊太守　吴與弼

飽聽邦民頌去思玉樓人去已多時陽春白雪慚余
輩流水高山吊子期

書雲亭驛中　　屠勳

高下村原遠近山松篁堆裡綠楊灣三宵風雨淹容
驛百里烟雲擁　帝闕小吏符從今日至新春官向
舊京還六年棘寺經行地尸素空慚兩鬢斑

次日阻雨再疊前韻

野人香火說茅山處處青林抱碧灣城雉遠分雲縹
緲巖花歛動鳥間關五更風雨春將老半日程途容
未還行愛葛洪丹井在履痕猶帶蘚苔斑

都憲李 書本縣察院 介軒

承

命南巡歲一周驅馳終日事民憂自慚素乏經綸識徼入

虞廷佐運籌

都憲倡 和前韻 訒菴

李流才名似禹周榮遷深慰

廟堂憂莫言國計勞籌畫戶口增除也要籌

司徒聲價繼伊周猶自懸懸為 國憂顧我句宣遭

[illegible]食與誰籌

春日同友人遊茅山 朱珉

鳳城佳士謁玄関，遠上華陽第一山。錦綉林巒頻入望，烟蘿石磴謾躋攀。仙齡隱約青雲表，琳宇參差翠靄間。羽客未歸春晝永，滿庭芳草落花閑。

自別華陽三十載，偶逢知己又登臨。重尋路入仙家遠，依舊雲封洞府深。翠靄落花春寂寂，綠陰啼鳥晝沉沉。窮幽覽勝多清興，一度停驂一度吟。

題茅山　　凌傳

三山過自合，盤曲勢穹窿。雲石分泉出，烟霞有路通。指從斜磴北，行過小橋東。舊是飛仙處，洞門野草風。

登茅山絕頂　　王珉

未到山巔未見高，到巔方見在雲霄。何人道眼能千里，今日山泉祇一瓢。天外飛翔歌鳳鳥，枝頭棲息愧鷦鷯。出門有礙乾坤窄，此意都從此處消。

登大茅峯　謝蕃

大茅峯頂接蒼穹，萬里晴明一望中。學道欲追王子晉，題詩還繼陸龜蒙。龍吟水色千山雨，虎嘯松陰萬壑風。回首欄杆聊自立，恍疑身到廣寒宮。

遊茅山祠宇宮　張紳

祠宇松蘿一徑深，茅家兄弟入幽尋。千年道氣長流水，萬古衣冠只此心。

游茅山白雲觀　　同前

白雲終日護茅山楼觀参差杳靄間知我老来無着

處時来相伴道人間

送道士歸華陽　　曹晃

桂花香冷露華清霄漢風多鶴馭輕袖裡有龍飛劒

氣山頭何日聽簫聲九還金鼎丹初熟十二瑶臺月

自明歸去若能求至理仙家即此是長生

送道會經永常歸青元

一尊相對酒頻賒踈柳長亭日易斜

天上恩光新雨露山中風景舊烟霞去登白鷺洲邊棹歸

看玄都觀裡花我欲尋師問丹訣肯將消息說河車

麥山亭為秀水浦侯賦　王能

瀟洒軒窓遠近山公餘一覽勝躋攀絳宮華蓋空濛
裡鍾阜茅峯杳靄間圖畫看來添酒癖闌干倚遍破
詩慳何當推此無窮興盡使顛連啓咲顏

題沸泉　同前

虎耳山前一鑑空坤靈有竅氣潛通泛来體段如湯
沸滚處根源似火攻碎玉千團翻鳳沼明珠萬斛噴
龍宮心同止水常澄靜見此令予頓熱中

青元館賞牡丹　張蕙

山城三月連朝雨柳困花羞冷南圃鶯啼燕語徒自
忙處處遊人罷簫鼓無事收午衙乘閑入仙府紛紛
不慕繁華誰識幽中有真趣君不見堦下花托根
一自來人間魏紫姚黄恥同伍又不見庭前樹葛翁
一去三千年肯受轄官素娥舞與君共遊觀任伊半
開吐丹臺有分去路遥權作東風片時主

萬玉林爲嶼敎果上人題　同前

一徑斜穿萬玉林玉林深處路難尋引來山鳥自朝
暮隔斷世塵無古今出定參差迷野望談禪清響動
潮音關襟夜半還成趣月影篩金坐鼓琴

題興教寺閣　　胡勳

衲僧伶俐會偷閑，肯構岑樓跨此山。萬事都拋千里外，四時長在五雲間。青赤翠蘿相迎送，白鶴玄猿自往還。打破虛空無所有，雨花瑞映啓禪關。

登正傳閣　　婁諒

閑遊後寺話僧房，又上危樓覽四方。不識山中宰相宅，三層高閣是存亡。

題達奚將軍廟　　張蕙

奉命南來冠正雄，驅兵此地樹奇功。烟消失路征魂慘，雨洗沉沙血刃紅。松栢祠堂閑夜月，黍禾營壘動

秋風山前三尺麒麟塚常使居民祀不窮

和前韻　林恭

天荒地老喪英雄梁室惟神最有功殺氣半隨流水去精忠常逐曉霞紅百年祀典昭前烈一代奸回愧下風細讀宮碑觀遺像令人惆悵思無窮

和前韻　胡璇

凜凜宜當百萬雄江東黎庶藉神功草遯甲冑空堦綠楓槭旌旗舊壘紅國史一時遺武畧居民千載酹英風賢侯獨秉春秋筆灑淚題詩意莫窮

四瑞為太原張侯賦　王韶

兩匏雙桃二種瓜一時呈瑞實堪誇連莖共得乾坤
厚並蔕同私雨露賒天錫休徵應有自民歌德政更
無加莫言百里淹才俊補袞終歸　萬秉家

遊茅山　戴珊

咫尺聞名易尋常會面難幾年甘浪跡今度恣奇觀
紫翠三峯晚風泉八月寒山靈光祀典民物境平安

夔山亭詩為南華徐侯賦　周祚

亭曰夔山結看山坐亭中山色固云好萬物情皆同
推施亦有序一理相流通賢哉我侯彥恭補造化工
兮符宰吾邑作我民物東坐裡運此心仁愛無終窮

隨在即有發所急先疲癃信能撤亭界一掃藩籬空篤近方舉遠會彼充拓功小試卒有地道眼觀民風

登大茅絕頂　莊昶

天游何處此方瀛身世超然極太清泰華老肩真可拍青天赤手欲相攀無窮眼底觀生意多少人間聚米形坐見三峯還揖讓誰家兄弟或相傾

遊華陽洞　同前

桃花流水放溪平偶誤華陽洞裡行過客我非朱仲晦仙人誰是葛長庚老聃孔子家雖別天上人間眼自明醉筆欲題誰到此野人無姓亦無名

勾吴此老無今古曾許閑遊到不才太始莫言初闢後平生惟是老夫來匆匆白日青天眼滚滚齊州下土埃我欲咲携湯道士蓬莱人更住蓬莱

題興教寺大樹　莊泉

杏壇風雨有桓魋此樹能容老翠微夢裡幾番全是幻人間萬事果誰非欝陰蔽日三千界黛色參天五十圍我欲南塘借金斧不勝三匝繞斜暉

贈潘司訓　許嵩

道在乾坤萬古春聖賢設教闡其真孔顏已往秦空滅唐漢虚鳴宋實淳不有先知先覺者何由識路識

岐人先生九載身斯任喚醒諸生繼後塵

題丫頭山　張慄

坤靈閟氣孕龍山不肯無媒嫁世間兩髻青青常不
改白雲千古共幽閑

遊茅山　王陵

茅氏三峯插太空乘軺遊覽興無窮千章樹遶高低
路十里雲連上下宮日暖丹光紅掩映雨晴嵐氣翠
濛濛洞天深處堪招隱
聖主　賢王眷愛隆

與凌鈍齋游觀音庵　徐欽

我欲飄然拂世塵算來還是蝟蛆身若無天上金玉
界信有人間百萬隣此道未應清世絶輩流誰復鈍
齋淩象山號真淨師菴主號子冶不用逼名姓來往茅菴過百春

題王二守樸菴卷

刻削犧尊忍作材千年風氣幾時開定山士屋依然
是定山有公疊纍相映之句二守樸菴誰與來賢者漫言都俗化此翁
今見尚嬰孩小生也有茅亭子只少光風霽月懷

遊三茅山　　張任中

路入三茅面面通短笻隨步閱仙踪蒼苔白石方成
舊嵐氣烟光淡復濃古洞陰崖深杳杳惟樓傑閣並

重重幾回欲問長生訣未卜茅君肯見容

遊茅山　湯鼐

好風吹我上茅峯拂盡塵襟眼界空行見烟霞生洞口坐聞鍾磬出雲中石屏曲沓低蹲虎瀑布垂頭倒掛虹欲訪茅君問消息蓬萊有路幾時通

同前　胡純美

我聞華陽君駕龍遊太清手援金光草時下戲赤城赤城之山四萬八千丈海日夜出天鷄鳴華陽三峯鬱崔嵬洞天石扉中自開赤城仙人從東來雲旌晝上瓔瑤臺不知何處更幽絶有客吹簫弄山月千歲

丹光凌紫霞萬谷松聲撼蒼雪天下三十六洞天居者未必皆神仙我本赤城山中不羈士久慕此境尋無緣唐碑三絶鸞鳳翥晉檜左紐蛟龍纏何當落日訪真逸結茅住此三峯巔

禾楷並瑞為長興王侯賦　王韶

嘉禾五穗實奇逢並蔕紅楷數亦同秀出蝦鬚翻隴畝摘來碼磯映簾櫳休徵並協君侯德發育全賜造化功不獨　朝天沾龍澤群黎飽暖誦無窮

送梁幕賓之句容　丘濬

栝蒼梁闓之拜

命爲句容幕賓臨行求告别予念其過從之久以有用之
才而拘於常調不得以展其所藴如追風逐電之
駿局促於轅下欲驅馳而不能也賦此以慰之雖
然古之人起卑官而陟亨途者往往有之又在自
立何如耳詩凡四韻五十六字

千金敝帚時方尚矮屋長材毋共憐造命會當遭陸
相隨時聊且效梅仙
朝端簪紱多知已句曲溪山有夙緣他日龍潭江上過停
舟遲爾問流年

次丘先生韻送梁幕賓　張駿

當春送客忽如醉把酒送春誰復憐身與烟霞為伴侶眼看草木化神仙江東筆研大無恙日下衣冠昔有緣歡與兒曹問消息秋風躍馬是何年

和都憲詩韻二絕　　龔綺

當代人才盛有周調元足解
九重憂東南財賦年来竭都是中丞苦計籌

君相明良智慮周眼前民物實堪憂頻年水旱多凋瘵濟世應須遠大籌

介菴五年李公巡撫江南有詩題句曲行臺壁間訒菴東魯侶公繼其事見而和之知縣王僖寶重

揭諸廳事後予見而誦之則二公忠

君愛民之心藹然溢於言表誠可重也遂不揆庸陋敬用

原韻强成二絶續貂之誚難乎免於大方家矣

頌王侯祈雨有感　張紳

一誠無二感蒼冥霖雨滂沱滌久晴舊日園林多減緑今朝隴麥頓回青群黎相賀知無餒四境交懽待有成迂叟拂箋揮健筆欲將仁政達明廷

同前　許嵩

赤日燒空旱魃侵吾侯施遍愛民心挽回四海三江水散作千門萬户金田野禾苗皆發育閭閻老稚不

呻吟　當今

聖主求賢急愧我無由頌德音

喜雨行頌王侯祈雨有感　王韶

聖皇御極文運開淛東自古多賢才況是三槐舊門第天私雨
露新栽培尊甫登科耀金紫政聲彰彰播人耳家學
淵源信有傳接武雲霄誇令子銅章榮綰来勾容覃
敷惠澤蘇疲瘵愷悌慈祥政平易光明正大心謙冲
承流宣化布　君德奉法循理盡厥職愛人節用惠
已周正本清源尤警惕四扁高題當縣門匪徒觀美
誇吾民正欲常常接乎目此心此念恒操存撫字

勤勞罔敢逸咸頤群黎安袵席何期旱魃苦經旬頓使琴堂動憂戚三時正爾農務興田疇入望烟塵生老稚徬徨更何訴高低焦灼難為耕躬詣雩壇瀝誠懇此心自許通幽隱阿香晴晝轟雷車頃刻陰雲迷遠近(叶上)滂沱百里誰之休精虔一念俟之謀莫高匪天德可動既沃惟壤金何酬三農渴望頓蘇息四野呻吟轉怡懌桔槔戶戶獲潛踪耒耜人人堪致力遥空素練水如川亞地綠苗秧滿田喜聽蛙聲卜嘉兆毋勞鷄骨占豐年老我歸閑無負郭尚有塵襟資濯追陪弗克效勤渠忻忭胡為徒踴躍吾民歆报何

所安多收田穀先輸官酒釀新芻祝侯福室家方慶
無飢寒君不見唐有真卿職風紀五原辨獄降甘雨
吾侯仁政格天心他日勳名堪並擬又不見晉有束
晳通神明請天三日甘雨傾吾侯感應亦神速同期
宇宙垂芳聲

頌王侯祈雨有感　胡漢

兩月驕陽海沸湯今晨纔見舞商羊邑民已遂三秋
望田父無憂四野荒便覓懽聲騰巷陌頻令喜氣藹
琴堂腐儒亦有為霖志何日天瓢濟萬方

謁季子祠　何伸禮

廟貌堂堂歲月深，驅車此日一登臨。脫韁喜遂生前志，掛劍難移没後心。骨掩千年雲樹合，碑題十字蘚苔侵。椒漿奠罷情無已，獨立東風賦短吟。

季春遊驪山　陳灝

係囊誰復識山精，往事荒唐迹尚存。正惜春闌閑飲興，又經花落惱吟魂。雲連澗谷高低路，樹遶郊原遠近村。半醉半醒天不管，任他明月自黄昏。

邑中風景　張愼

句容古名地，百里接鑾坡。山勢北来衆，水流西向多。坊鄉饒巨室，田野足嘉禾。共説從前代，兵戎少見過。

喜客泉　　周祚

我為觀泉喜泉還喜我来乾坤誰黨與人物本同栽
何處非吾道而今莫浪猜百川東起障亦此共徘徊

贈戎孝子　　徐欽

去古既已遠我道日益淪茫茫天地間鮮能念君親
稍稍臨利害輒自私其身況望濟危急舍生顧天倫
句容戎憲氏家世舊齊民割股療親疾此心何肫肫
忠孝乃天性憲也實斯人汨没固如彼吁嗟難重陳
聖明今在上風俗喜回淳

容山八景

按邑之八景作者多矣前輩佳什漫散無考今摭所存人各八律浩瀚難録就中各取一律列名于志以備觀覽庶乎不沒人之善也

三茅秀色

三茅即三茅山在縣治南茅氏兄弟各居一峯層巒秀聳佳氣鬱葱望之可愛故曰三茅秀色

白鵠乘風下紫冥茅家占斷各峯青仰看獨擁芙蓉障仲也聯閒翡翠屏琪樹雨晴浮瑞靄玉芝露濕漏芳馨吟邊無限烟霞趣卻愧功名兩鬢星　曹鼎

東南地脉擁群峯子半精神丑盎工萬古乾坤真氣化
三茅兄弟亦人雄無窮变態烟雲裡多少殊觀紫翠中
靈秀信知鍾俊傑誰將消息叩仙公　張紳

江南形勝最句容江上三峯紫翠重后土鴻厖凝砥柱
中天佳覽挿芙蓉茅家伯仲名由著盛世英才氣所鍾
顒祝　皇圖同鞏固太平安用議東封　張珂

萬里江南見此山三峯高挿五雲間烟嵐縹緲蒼岩窟
石徑縈迴碧樹灣雨過洞前龍出没月明壇上鶴飛還
神光爗爗冲霄漢疑是仙人夜煉丹　趙欽

九曲清流

九曲即九曲溝在縣治東縈迴九折出於天成流
水澄清松竹掩映可以遊玩故曰九曲清流

一泒泉源出化工縈迴九折妙難窮雲浮水面蒼龍白
花落波心翠帶紅鼓枻不通漁父艇泝流觴堪繼古人風
幾回我亦眈行樂咲舞婆娑月影中　張昂

一道清渠迴九折野原映帶似羊腸激湍細細穿芳草
淺碧沄沄遶緑楊偏稱遊人來濯足也宜騷客去流觴
惠風和暢堪為樂絶勝蘭亭與曲江　陳鉞

澄泓潑潑寫晴溝宛轉如腸亘古流可是川渠通谷口
好疑洙泗出溪頭天源何日曾跑虎活水今朝許飲牛

盛世合從清徹底不須洗耳到巢由　凌傳

一泓如帶出岩阿九曲縈迴勝槩多香泛落花浮素練影涵明月漾金波武夷仙景應堪並沂水風光不啻過記得賞春遊玩日羽觴飛逝謾謳歌　王道

崇明古塔

崇明乃邑之梵刹內有石塔制度超絕相傳爲般郢後人所造誠爲一邑偉觀故曰崇明古塔

盤旋石蹬護雕欄七級巍巍力可攀西北仰瞻高九陛東南俯視小諸山循環日月簷楹外縹緲烟雲窓戶間憶昔題名曾籍此叫開閶闔叩天關　戴仁

崇明句曲舊名刹，浮圖肇建知何年。班師抱藝獨精巧，比丘奕世相稱傳。七級亭盈媚霄漢，八窓洞達涵雲烟。我昔題名最高處，凌空舉手攀嬋娟。許昺

巍巍孤柱屹中天，歷遍逃亡屋幾遷。七級盤旋雖入象，八窓洞直宜通玄。風雷徹夜堅如故，日月當空影最圓。多少輦流誇勝槩，爭傳香火自年年。張綽

浮圖高聳梵王宮，八表分明眼界中。五夜銀燈輝佛日，半空金鐸響天風。門開面面無塵入，欄遶層層有路通。幾度躋攀臨絕頂，此身渾訝出樊籠。施倫

青元丹井

青元乃邑之道院內有石井泉水清冽相傳爲葛
稚川於此煉丹飲之可以益壽故曰青元丹井

洞天迥絶無塵埃仙翁鑿井連瑤臺碧梧葉落秋屢易
紅蓼花發春幾迴金丹煉就光射日玉液瀉來香滿杯
何當一服生羽翰遨遊八極登蓬萊　王韶

到底神仙說有無煉丹遺跡未堙墟人間果信長生術
世上誰爲不死餘實理幾曾成妄誕此翁元只要清虛
井中玉液能分我未得乘閑一問渠　曹祖齡

雲鎖瑤臺骨已仙千年靈跡世猶傳丹砂內養涵金潤
石甃中虛抱玉圓洗藥不殊勾漏水煮茶絶勝惠山泉

何當釀作長生酒去獻
君王玳瑁筵　　　　胡漢
聞說飛昇葛稚川至今靈跡尚依然銀床曲抱三秋月
玉釜深涵一鏡天處世誰非身作客燒丹自是骨成仙
當時悟得長生術不識人間甲子年　　　　黃敬
絳嶺樵歌
絳嶺在絳湖之上以其土赤曰名絳嶺山徑崎岖
樵採於中者四五成群歌以自適故曰絳嶺樵歌
落花過雨湖水紅湖上湧出胭脂峯伐木聲穿白雲裡
放歌調契蒼烟中暮阻哀猿啃空谷曉驚宿鶴飛長空

兩三互吞自成趣〻爛柯却咲尋仙蹤　蘇潤

絳湖之水清且寒上有岩岫如塗丹帰樵俯仰自適意

歌放一聲天地寬行〻山路竟無險野人合處聊成歡

從來仙家異日月逢棋不必閑相看　胡璇

曲城南下有丹山掩映平湖杳莫攀地接金陵佳氣合

天連茅阜白雲閑丁〻斧振秋林裡欵〻歌傳夕照間

安得焦桐翻一曲落花流水奏松関　高諤

勢壓赤平湖插太清奠安容邑拱　神京千層螺髻如粧

就一株猩紅似染成樵採長林聊適意歌傳空谷遠聞

聲負薪莫道耽行樂四海于今喜太平　滕森

秦淮漁唱

秦淮在縣治南，嬴秦䟽鑿，因名秦淮。河水縈迴，捕魚於中者烹鮮沽醉，唱以自樂，故曰秦淮漁唱。

秦淮西下水湯湯，無數漁船繫水傍。網利自嫌登壟斷，野歌應喜在滄浪。知渠樂地還誰樂，合我狂民是此狂。鼓櫂不隨衰世体，清風明月老漁郎。　居彰

潮長通津白下連，放歌漁子興悠然。數声欸乃過帰浦，一曲滄浪謾扣舷。響振碧山凝暮雨，咲歌黃帽破晴烟。幾回聽斷江村路，水滿蘆花月滿天。　呂霖

曾聞王氣占嬴秦，揮戈擊斷蒼山根。遡水奔流送紅日

漁舟絡繹歸黄昏幾處滄浪動清唱一天涼月傾芳樽
寄跡烟波得深趣年來未肯希皇恩　王升
朱衣鑒瀆帶澄泓此派天分繞鳳城黄笠緑蓑容釣隱
清風明月放歌聲雲程杳杳曾何夢烟水茫茫是我情
榮辱不干心自樂等閑富貴羽毛輕　何祥

義臺秋月

義臺在縣治南貞元時旌表張常洧孝友因名爲
義臺荒人遠對月興懷故曰義臺秋月

稜層臺石倚高坡分得貞元雨露多陳跡徒教人世改
穹碑不爲蘚苔磨嘉祥曾應靈芝草孝義重徵太史歌

俯仰乾坤秋一色永留清馨伴嫦娥　樊安

孝子聲名付此臺千年烱壘點蒼苔孤高節義應難沒

破落根基尚可培吾道從知天意在深秋常許月華來

穹碑有刻昭遺德夜夜清光共草萊　張懍

句曲城南有遺跡張氏當年旌義德業筠泣露秋草荒

穹碑冒雨苔痕蝕時聞灝氣散天香頃見氷輪碾空碧

徘徊不覓夜已闌遶樹啼鳥声正急　張憓

秋高臺古月蒼蒼登眺其如此夜良千載衣冠遺令馨

一門孝義藉輝光氣清烱徹山河表地勝昭回雲漢章

俯仰盈虛興難盡鴈聲嘹唳楚天長　李永亨

善橋夕照

善橋在縣南二里許會昌時寇至此憫姑不戮因名帰善斜陽古道撫景增慨故曰善橋夕照

凶頑德化負唐虞女婦何能格虜夫自古閨門妝令德偶斯裙襦奪前驅小橋流水芳名遠衰草斜陽此義孤留得千年公案在往来人自與乘除　周祚

憶昔干戈苦莫支抱携嬰孺忍流離今來帰善橋邉路宛見含顰麾下時殘碣清風終古義寒山落日後人悲仙䰟已遠招何處目送前村帰鳥遲　謝仲宏

兵戈誰料格渠戎自是良心感易通曾地昔推高義少

容城今喜令名同秋風古道遺殘碣落日晴波浴斷虹
人世已非陳跡在不堪惆悵思無窮　李瑛

魯地曾聞説義姑阿姨千載行相符兵戈自誓存猶子
志節誰期格武夫陌上斷橋遺舊跡樹傍古碣暗新蕪
輪蹄過處增惆悵衰草寒烟日已晡　華昂

總賦容山八景　王韶

容邑邇金陵景最奇東南諸邑罕能齊峯巒競秀三茅地
泉水流清九曲溪丹井一泓澄洞府浮圖七級聳招提
樵歌絳嶺情偏適漁唱秦淮興欲迷孝子臺端秋月皎
義姑橋畔夕陽低青雲得路曾分詠白首歸田復總題

循良六詠詩爲西華李侯賦

發廩賑飢　曹景

賢侯夙貯滿腔春　揔是乾坤愛物仁　百里白能償歲歉　一心常是恤民貧　大開官廩無窮粟　廣濟山城幾萬人　威德由来多獲報　會看高擢列朝臣

迎龍救旱　張紳

亢陽爲虐實堪憐　明府精誠妙斡旋　共說迎龍能致雨　自知脩德可通天　沾濡喜慰三農意　枯槁重甦萬頃田　鷄骨不須占歲事　西成端擬慶豐年

藥局陰功　王韶

新闢丹房近治城貽謀深是愜輿情醫延耆舊多經驗藥選精良廣濟生千載杏林同種德百年花縣獨馳名沉痾起處陰功大奕葉簪纓荷　寵榮

義阡仁德　　戴仁

花封沛澤每如膏父母斯民不憚勞久養一腔仁德厚新開四郭義阡高青山祗有人稱頌白骨應無鬼哭號善政如公誇獨步會看　天上璽書褒

隴麥呈祥　　許暠

絃歌百里藹仁風和氣能令麥所鍾芝草謾誇呈世瑞嘉禾堪與表時雍兩岐並秀應難得五穗雙垂更

罕逢莫道漁陽專美今李侯千載繼高蹤

栢臺旌異　　胡漢

烏府行蔵重激揚君侯先已受褒章寸心似水涵明月百里同春仰太陽史筆擬書才行異御屏應注姓名香龔黄由此登台輔會見徵書下帝鄉

發廩賑飢　　曹灝

天時亢旱虐非常百里嗷嗷貸口糧請給紅倉無吝嗇頓令赤子免凶荒春風花樹依然茂夜月機聲似舊長不是賢侯敷善政一年那得樂平康

迎龍救旱　　張瑾

懇禱穹蒼感格多信知位育本中和三茅神物昭靈貺百里歡情播頌歌望断虹霓雲靉靆潤田龜折雨滂沱有秋堪爲吾農喜倉廩充盈茂熟禾

藥局陰功　　居軫

爲政惓惓在惠民選醫蓄藥廣施仁存心不吝公家俸濟物能囬比屋春貧病幾多留養各安全無限感恩人陰功自古天垂佑會見　徵書下　紫宸

義阡仁德　　張恒

賢侯不忍夂存心仁政宏施浩蕩恩四郭有山開義

塚百年無骨暴荒村孤貧共荷寘寘德亡歿咸安杳

杳魂福善從知官爵顯還看餘慶及兒孫

隴麥呈祥　孔祖福

幾年和氣藹琴堂隴畝薫蒸麥献祥兩潤兩岐抽嫩

琩風揺九穗點嬌黃縉紳詩什賡聲響里巷歌謡德

澤長百里富殷皆樂業流芳不獨数漁陽

栢臺旌異　李瑛

已把聲華奏九重更行勸典勵清風一端釆幣褒嘉

政百里懽情慶茂功楓陛絲綸音欽召栢臺繡斧信

先通邇来况復　朝天去可柰臺臣奪我公

比體十絕為長興王侯賦

絳湖泉湧比力學有本

天光雲影兩分明湖面無波似鏡平晝夜未嘗停一息源頭活水逐時生　張紳

湖水分從絳嶺巔滔滔曾不異寒暄賢侯治邑才無竭家學傳來信有源　王韶

湖涵山色共沉浮中有寒泉混混流道上夕除朝滿者如何敢與論源頭　許嵩

句曲鍾鳴比為政有聲

早暮鯨音繞邑鳴耳邊聞處頌心生蒲牢一喚萬家

醒相協君侯播政聲　張紳

風送鯨音出梵宮晨興昏寢萬家同賢侯爲政多嘉
績亦有聲聞幾甸中　王道

百八鍾鳴報候時侵晨入夜萬家知正如賢令行仁
化美譽芳聲到處馳　曹洵

三茅古檜比操守不移

茅氏三峯古洞天岩前蒼檜幾經年賢侯在已能操
守老幹貞姿一樣堅　王韶

三茅自古名山地老檜生來不計年好似君侯恒有
守衆芳搖落獨森然　許昺

參天古栢蔭仙臺堪擬賢侯出衆材有守有爲心不易任他氷雪敝蒿萊　李瑛

九曲脩篁比勁節不凡

溪上篔簹箇箇青世稱君子得佳名虛心直處皆天理安肯低頭向下生　張紳

一水縈環類武夷篔簹箇箇拂雲齊賢侯勁直同高節霜雪嚴凝未肯低　胡漢

終歲青青傲雪霜不隨紅紫閙春光生如曲處直如矢心自虛兮節自剛　張憓

義臺秋月比明能燭理

恩沭貞元雨露賒名同秋月倍光華賢侯方寸渾相
似遍照容城百萬家　　王韶
臺空人往蘚花残惟有秋来月一般究似君侯方寸
地綺羅不照照飢寒　　曹洵
柱魄宵從海上来天空秋霽燭層臺一經明府登臨
後分得餘光被草萊　　李瑛
淮浦信潮比誠不自欺
潮水深含造化機晨昏長落兩依時賢侯政令堅金
石能使吾民信四時　　胡漢
潮生潮落不移時盡是盈虛造化為惟有賢侯能契

合臨民莅政未嘗欺

朱玘

一泒烟波接海涯長淮䟽鑿自秦時君侯默躰潮生
意敬事臨民無少欺

華昂

丹井清源比廉介不汚
石甃澄清歲月賒昔人曾此煠丹砂賢侯一片虛靈
府廉潔如斯絶點瑕

王韶

浪説丹成井得名一泓寒溜古今清賢侯廉介應相
似守俸如泉日夜生

許嵩

井存人遠事虛無寶鑑澄澄月影孤人道我侯廉似
此瑩然不受一塵汚

魯鉞

善橋碣石比德久不磨

雨長苔花石未消惟文鐫刻自前朝偉哉邑宰賢稍似應共千年說善橋　李永亨

感格強梁節義全石橋古碣尚依然賢侯亦有安民德擬勒穹碑與世傳　華昂

兵交刃接遇強梁抱姪攜男大義彰今日君侯多善政誰云千載不流芳　朱玘

百里和風比治化興行

遶邑絃歌治道隆融〻萬物被和風賢侯坐喜民淳厚均在光天化日中　王道

賢侯念念爲斯民仁厚風行俗自淳一邑絃歌譪和氣閭閻無地不生春　魯鉞

志在忠君及愛民琴堂政令日維新絃歌起處和風譪化作勾容百里春　何祥

宰邑三年政已成萬家黎庶喜安生頑風漸息歸仁厚百里絃歌起頌聲　黃道

三冬愛日比民心親戴

冬日經簷煖似烘老翁曝背樂無窮賢侯仁惠何殊此萬姓咸歸愛戴中　張憓

寒衣薄々日融々傲殺簷前曝背翁愛日兮民感

惠兩般親愛一般同　　李永亨

子民心地一腔仁有脚能回雪裏春惠愛宛如冬候

日群黎誰不頤尊親　　何祥

三載句容善政新萬家俱作太平民見侯如曝三冬

日頓覺渾身盡是春　　黃道

句容縣志卷之八

句容縣志卷之九

儒學訓導浮梁程文仲昭纂輯
致仕同知邑人王韶思舜校正

文章類

縣治碑刻

大唐朝散大夫行潤州句容令岑君德政碑

蓋聞諸易曰有天地然後有萬物有萬物然後有君臣有君臣然後有上下然則星辰經緯丘陵山險所以經啓八紘弥綸萬域者也聲明文物禮樂刑政所以黼藻生靈化成邦國者也至於高居萬乘富有四

海為而不宰裁成於孕育之先感而遂通囊括於混元之首雖柔来剛往乾坤之軌躅可尋而步帝馳王雲火之聲塵不昧則疇咨四岳允釐百工大則鶴鼎魚璜錫寵於機衡之地小則縷藩璽綬守位於子男之國其有相門紬緒王佐推才負揭仁義周旋禮節排九流而迴出掩三異而孤昇緝諧毗吏綏和風俗堂上堂下驅客賤於後塵星出星入置驛期於散地簡而以肅嚴而不殘馳心於廊廟之前逃迹於江湖之上者獨在於岑君乎君名植字德茂南陽棘陽人也其先出自 顓頊氏后稷之後周文王母弟輝兜之

殷墟封為岑子今梁國岑亭即其地也因以為姓代居南陽之棘陽十三代孫善方隨梁宣帝西上因官投跡寓居於荊州焉自軒僧爽祉善納開宗神岳搆其崖巘灵根肇其枝蕃其後佐帝師王封侯尚主十卿五公之貴十珥三組之榮衣冠燭耀於區寓繼緒綿聯於載籍亦由秦獲趙璧魏得隋珠不常厥地所在珎實何止梁亭漢室先開佐命之封吳郡荊門晚葺因居之地若斯而已其高祖善方梁驃騎大將軍周起部尚書開府儀同三司長寧縣開國公食邑一千二百戶贈侍中謚曰敬當萬機之損益成八座之

儀表銀艾圭茅金鉶玉振榮高當代龍豹之託逾深
寵茂幽荷鵷鷺之寄斯重曾祖之爲隨虞部員外侍
郎龍驤爵長寧公霞騫電邁鳳彩龍光楅膺星鶱之榮
晚襲山河之寵祖文本皇朝中書令兼太子賓客弘
文館學士江陵縣開國伯食邑四百戶贈侍中謚曰
憲宏材巨量經文緯武高標百尋絕壁千仞丹青神
化翊亮天工即隆周之申甫亦皇軒之風力若乃百
揆務殷三階事切西朝機要之所北閣神仙之地任
摠訏謨崇高密勿至於五車萬卷百家諸子吐鳳懷
蛟凌雲繫日不尚浮綺尤存典裁藻翰之美今古絕

倫父景清周太中大夫行鱗臺著作郎兼弘文館學
士緒青襟而司禮館草玄經而登書閣聲名之重驛
美於當朝燕翼之寄傳徽於後烈君紫泉飛液丹山
耀彩孤峯懸日月之輝激溜聚烟雲之氣虛心倜儻
靈鶴再舉而未窮逸調縱横大鵬六月而方息生而
好學幼而知禮孝行無待於傍授仁心得之於自然
黄憲之類潁田汝南為貴賀循之擬龔勝江東擅名
不學左思十年為賦聊同方朔三冬讀書不出户庭
既馳心於萬里將排雲日亦因基於一匱弱冠以簪
纓貴胄調補修文生明經擢第緇帷連夕拜之所紫

禁迩朝聞之地圖書所會館宇生光解褐同州叅軍
事譽警甚曾聲馳南府地靈天秩渾金樸玉之材主
吏叅卿孫楚蕭何之德屬軒陛下遠禹山斯會撫遺
斂而空存想遵冠而無及松霍漢隧竹興湘川雖鏤
鼎銘彝將勒生金之字而尨徒蔵事終貸倚玉之材
課效居多息胦俯逮特授蒲州司户叅軍事俄以親
累左授夔州雲安縣丞賈誼長沙屈原湘水溪連五
毒攀鳥路而衒悽峽帯三巴聽猨聲而下淚秩滿丁
府君憂去職三年泣血七日絶漿殆不勝喪幾於滅
性服闋調補衢州司倉叅軍事秦稽負日楚夢含雲

東連射的之山西拒沉珠之浦上農餘屬倉廪爲禮節之先下位斯安等列慶儕流之首暑沐息旨雪共親累一遇雲雷之聲再生花萼之榮既席寵而沿息亦流根而洎葉若之兄義材望冠時聲名動俗膺舊飛而首出指寥廓而曾騫位絶涉於闈鶯才實兼於緑鵠既而八龍雙驤慈明與劉岱均飛二陸三張仕衡與孟陽齊貫豈直家風祖德見称於中旨掌綍司綸後傳於後葉光暉而燭朝野增榮然則宅火均司爲雷分邑莊周著小鮮之誠尹何指美錦之嫌列五等於姬封髙十城於漢秩字育之道循良是資擢授

潤州句容縣令瑶山奧壤金陵舊地郊原枕端委之墟江漢擁朝宗之水海潮驚而翔鶩起山氣合而盤龍見物産殷積水陸兼并人多挺劒之雄俗存占珠之弊君蒞於時事明於政理教不嚴而自肅化不令而人從甿黎感惠愛之如父母奸邪迸迹畏之若神明户口滋豊田疇墾闢行太丘之道德息灌壇之風雨國家下武膺運中興纂業氛祲廓除日月開朗君遇見知之逢時來之運若魚縱壑如鴻順風優制所覃崇班並峻加朝散大夫上柱國紫泥流渥朱綬昇榮列五絲之通班聯九章之貢飾於是貴而思降盈

而知損如絲之旨戢流亂繩之化逾息先是邑居湫
阸里閈櫛燕爰自歷政未遑加緝君乘三餘之隙因
四人之暇覽山川之体勢量貲物之豐省逐便興功
因時改作人無廢業役不浹辰流一切之權道成累
代之宏業頃緣稼穡焦於炎亢雲漢之詠徒勤京坻
之望斯絶君親加暴露徧請山川率毗庶以具馨香
俯壇埸而展誠敬濃雲布族膏雨成絲綿八極而俱
灑匝四濵而廣徧自非仁心所及誠感必通其孰能
預於此乎加以道尚用熟情敦讌喜每至星摇斂室
月下珠潭菱津迴棹女之喧挑運擁樵童之樂臨萬

家之井邑眺千里之風煙良談閒起清文不輟信可
謂兼文兼吏公才公望者焉聖上深視九重高居萬
寓邇瞻時政分命使司端冕旒而思天下布德澤而
周海内博訪英髦探求輿術十道飛騎萬域承風江
東道黜陟使朝大夫行度支員外郎攝右臺侍御史
源乾曜崖岸孤聳風飈秀出千仞罕節百尺無枝地
入星臺列珠軒而應翟庭分月樹揺鐵社而驚烏求
霜凜白簡之威霞日聚綉衣之色遥同李郃上廻星
爲之暉俯類張綱先聞摧豪之氣以君木地加之聲
實每肆揄揚先膺舊舉王生千里佇入於涇佐荀氏

十旬行登於台府頻聘之重郡縣增榮馳表跡於龍
闈遽翻飛於鶯路隨郄詵而齊舉攀鄧攸而不留黯
黯津亭搖搖軒騎壽春遺犢將析轅而共分蓁縣歸
息巴竹舟而俱遠由是三吳士庶二江人物來暮之
歌方遠去思之戀益深期冠君於一年思叚侯之再
撫丞魏烜宗承軒冕代傳儒墨鳴謙自牧處劇若閑
以涇牛之邑量貳割鷄之小道主簿崔子佺相門卿
族玉葉金柯光彩可以射人風神可以凜俗尉李綦
張隱朝章仇嘉勗等並公侯祉琳琅積譽經史足
用刀筆推工輙迴東道之姿久屈南昌之化鄉望等

或耆年宿德或戚族名家負雲澤之壤實馳水鄉之俊逸山川舊跡龍蟠虎踞之閒軒冕餘風東箭南珍之亞饔和浴道多從食樸之恩老安少懷乂沐惟桑之化雖功成帶力上皇之耕鑿已勤而事凜國經下邑之風猷可紀是用傍邏纖簡俯緝謳謠聚南褒之故事採西鄲之前躅飛刊屑尾行杼雕金之思根質披文無媿況渒之浦其詞曰山岳鍾氣河汾孕秀基搆百尋源流千丈地靈坱軋天姿膴鄉長寧建侯襟懷洞朗江陵弈載風飆峻上賾隱鉤深知來藏往斷雕為朴用晦而明文緯天地武定從橫如虞稷卨似

漢良平金社開封珠盤載盟遂矣遐緒猗歟克生秉彼靈慶光斯燕翼道映時宗言爲士則月鏡虛湛雲峯迴植藝蘊縑湘材經邦國金玉其行筠篁其[illegible]鳴不已鴻飛未息歆嚴九成先階一簣比迹庠序聯芳旌旆軒陛卜遠禹山云萃倚玉推才雕金纂懿秦閼漢輔吳田虢地孫楚叅卿蕭何主吏鴻鍾待扣明鏡不疲詞端筆杪月落雲披時更出處道或推移曾參盡孝賈誼傷離五湖東指三峽西窺六條齊禀百里均知帝道光昇聖人有作如鵬得吹似魚縱壑越自奮飛載翔寥廓珠江控海金陵負郭夏禹經營農

皇甄度星纏牛斗雲連屢閱令長何擇循良在玆駈篤寇賤雕鏤馬胡政實無據人稱不欺管絃是緝氷玉攸資神憂河白歡斷江湄蝗去無限鷰帰有時八使出関二星向蜀秉驄衣綉揚清激濁黜陟攸先椎埋是属上敷帝念布從人欲一聽謳謠載欣風俗行收顧盻坐成珠玉若管知鮑如蕭得王君子既見為龍為光選衆而舉載揄載揚飛騰日路驛騖雲莊眇眇雲澤顒顒水鄉西北萬里東南一方坐結去思長嗟不遑躑躅輦驤招遥鑾路何以慰恩宸階遠訴何以旌德高碑廻樹潘岳創詞楊脩辯句一刋懿跡千

齡垂裕

朝散大夫行雍州錄事參軍張景毓字蠋徽撰

明清堂記　　　　趙子寅撰

潼川王侯爲句容之明年邑無逋事歲且荐熟既甚宜其民則又思所以蚤夜自儆者會新堂成因摭縣令箴篇曰明清使來請記余惟孔門之徒三千文學子游子夏各得百里而君之其聞諸夫子者曰君子學道則愛人曰無欲速無見小利而已夫學道者愛人之本也無欲速無見小利則學道之事也游夏之所以文學也後世作事無本所在吏呫呫以邑譜自切

以治迹相少多而不知學爲何事籍第令聞有及此
者則不過前史所謂以儒術緣飾而武城莒父之意
蓋寂寂矣今侯之取諸明清者何居夫天下之至明
者莫如天命而非學不足以察之天下之至清者莫
如夜氣而非學不足以存之此天之所予我者侯與
一邑之人一也一邑與天下之人一也靜存而動察
精體而擴充使物欲不得而昏旦晝不得而梏則所
謂天之予我至明至清者若火之始然泉之始達孟子
孟子以爲可以保四海於一邑乎何有不然在躬之
清明不含而日與急符相鏖程石相亂金布舍甲相

出入則所以發於其政害於其事者可勝言哉昔河南程伯子上元之政與武城莒父相表裏其言曰一命之士苟存心於愛物於人必有所濟地之相去歲之相後特未遠也詩云昔吾有先正其言明且清侯取則焉則因其言以求其心可也侯曰然乃不敢辭不敏而為之記侯字彥齊名子弼賓佑癸丑進士云

砌街記　張槩記

句容為邑介萬山中雖曰濱江而去江實遠二線之流出於原隰匯而為渠者僅與秦淮接舟楫不通無富商大賈出於其塗趨日中之市者率仗車以任負

街衢之磚若石每壞於輪轂之交馳俗尚簡陋不知隨時修治積歲久破碎磽确殆類山間之蹊行者病焉余不敏出宰斯地領事之初駭眎百廢孰經孰營如痒斯搔莫知所始因思鼓楼所以警晨昏須者宣詔所以啓歲功布王令畢力經紀苟幸落成葺二井而屋之左右民屋之寄官地參差不齊撓屬將壓簷相去且不能數尺縣之門道僅容一車非所以起民眎則又撤之使一新留隙地各丈許而門與道相直驛之前有餘地民廬焉更嘉熙歉歲民流離廬亦圯荆榛莽然過者唶唶因悉為架屋其上舊觀斯復橥永

玉琴月二軒於縣之後甍棟相望翼然後先驛舍門
闌悉已葺治皆取辦於事上之餘一毫不以病民也
獨念縣衢未甃任其事者難其人一日與教諭長老覺先
相過舉以屬之覺先欣然領會率其徒師皎相與募
緣而邑之大姓若施若高樂爲之倡和之者翕然擇
市民之謹愿者司錢穀之入出縣不與焉提其要領
爾衢以丈計者二百四十有二費以錢計者二萬二
千九百五十有六緡以米計者一百有六石始事於
淳祐丙午之秋畢工於丁未之夏建碑柱二十有五
以識坊巷脩衢坦然民以爲便即施錢者氏名刊之

別石永詔厥後改之圖志盖自治平改元邑之僧曰
明慶者嘗募民財為之後一百八十有八年而僧覺
先師皎踵為之空門趾美豈偶然哉自兹以往逮于
西門其未甃者尚多緝續之功當竢來者

邑令題名記　黄敏德撰

句容為邑甚古自漢以来令長不知幾何人江左號
近畿三品隹邑選用尤重而姓名傳者盖寡有著之
史冊見於碑板僅可以一二數當時鉅人長德亦豈
無嘗宰是邑而不為赫赫名者傳記所畧泯然無聞
然則題名盖不可闕已國朝建炎之後舊記不存隆

興初岑君文宏乃爲立石得晋以下六人元豊中一人建炎以後十有三人未幾其石斷而棄之歛德至邑再期始得其秖本因重加搜訪而無載籍可考姑求之石章諮之故老又得前代五人太平興國至宣和八人自岑君以降又七人而至於歛德於是礱石刻之廳事繼自今其有考焉若其遺闕猶有望於後之君子

瑞麥圖記　徐鈞撰

春秋書無麥禾范曄書麥穗兩岐經記異史記祥也江太夫以名家子爲句容宰甫數月政化浹孚犴獄

空闃協氣薰蒸震於異麥有三穗同榦者一兩穗者三厥芒像容厥實栗好甸人曰大夫之仁大夫不敢以自功獻之督率牧伯曰茲大夫之徵使以歸之乃繪事秀穎丕昭嘉應是年麥大有秋以經史所登載如彼是宜特書昔魯恭為中牟令嘉禾生於便坐庭中州郡交舉句容惡知其不中牟哉詩云靡不有初大夫其勉旃將見屢書不一書而已也大夫名公亮常山人今官通直郎

瑞麥頌　進士樊壽撰

蘄水王侯為句容之六年夏有麥一本兩岐者二句

人告祥誦羨侯政侯不自有本諸
王明諸生蕭敬拜手稽首以作頌曰
於皇東發厥明民受自天降祥于彼南畝奚其祥矣
兩、岐秀岐然而實或左或右野夫族談斯祥斯覩
誰其尸之侯我父母繁我來斯我財我阜殖我粮穀
御我粮莠瑞應遄集天實民祐祝侯頌侯願無不朽
侯曰咈哉乃言勿苟本、源、莫矣是究
聖人龍飛百祥奔湊
洪業肇基此邦曰舊萬古豐沛輝映先後神斯其贊蕘胡不單
厚翊玆體元億禩伊首帝命率育兆固非偶念不灵

承詎曰官守敢竊天休私以自取目擊心忻獻之

皇右

皇右曰俞爾予足手是邦予懷爾弗予負今茲之祥其亦而輔

字爾民人俾庶俾富矣予膏澤以洽孤幼侯拜稽首

天子萬壽永錫祚佑邦家之有小子作頌爰愧吉甫式歌且舞

庶傳之悠久

瑞麥記　　趙仲衡撰

邑大夫王侯下車之明年夏四月民有以麥一莖三穗獻者二以為侯德化所感云侯受謂其僚屬曰吾何以堪之惟吾

聖天子首定區宇肇啓
洪業而句容密邇
王室基本攸在況今立號建國之始而祉祥若斯天豈無定
乎隱而不彰是蔽
王家之羨而貪天功也其可哉遂表其實敝大夫以聞既已
播告中外
綸言撝謙推美歸下激勵勸勉嚴畏有加寵頒下及
恩禮優渥於是吏慶民抃上下歡洽膏澤弗愆歲用大稔邑士
民乃相與謀曰在昔宋開禧初嘗有祥如是文載於
石具在今而不刻金石將何以揭盛美垂示永久遂

用礱石揭辭而以命予仲衡竊惟和氣致祥天地之
常經也今侯嘉寵斯麥以昭我
國家受命之符下歸美其上上推功於下君臣同德以和召
和斯民盖將益被其澤豈不重可貴哉是足以記矣
侯名成字國用蘄春人其為人也果毅以立事廉公
而愛人縣丞劉姓名復仁字克禮揚州人主簿任姓
名允字執中桃源縣人典史汪姓名宏字守道泗州
人同寅協恭駸駸政績當大書特書茲未暇詳者特
記瑞麥云

元　西石路記

古者侯國野涂五軌平易艱阻職在司空故冬官匠人記其營建載稽周制設五涂以為險固達天下之道路則司險合方氏掌之比校脩除宿息井樹則又屬之野廬氏夫匠人既隸冬官而司險合方迺為夏官所轄野廬又領於秋官胡為統治不一得非司馬掌邦政司寇掌邦禁面埶經畫固屬匠人開鑿雍塞使不陷絕則有政行焉乃若叙鼜互防射邪則司非禁不可周公注心道路可謂縝密極矣後世王官率以此為末務其或應故事以巡視則又責諸胥史故

溝逆地防氺不理孫磬折句矩懵無所知焉陷車停軌掀于淖容邑舊為六朝圻縣東南貢賦輸此爲孔道時代屢易半成畏涂顧瞻郭西衆圯尤甚雪泥暑潦動輒沒膝至正戊子杜君伯諒愍念行者且謂路端興梁吾父所建梁既石矣路亦宜之遂乃擴厥先志隆其汙拓其隘潄滛沮洳彌補疏闢長亘十里悉冒以石費庸工食計錢二萬有奇起於三月止於四月逾四旬而畢於是軒騎屨舄推輓負戴之往來者咸嘆美杜氏之父子謂能助官政之不逮且施惠而無德色其竊議者則曰使其居遠于是其行不恒于

是則斯役之成殆未可以易言也余謂不然富屋之阽危者可勝計視顛躋滅趾而不援又可僂指数哉舉此律彼不亦賢乎且推已及人曰恕已欲利而利人則其恕也大矣况人之涉世有期利已之利則易盡石之歷世難遽壞利人之利則無窮若以自私之心闘人則淺之為丈夫矣耆社聞余言請述以為記辭不獲用書以告在位并為好事者勸云

至正九年達魯花赤忽歆里赤撰

重脩社稷壇碑記　　元樊仲式撰

自天子達於庶人得以通祀者社稷而已社祭土稷

祭穀所以重民命也壇而不宇所以霜露風雨之也
禮曰王社曰侯社曰置社曰州社曰里社均之祀土
也自天子諸侯而下以夫家多寡之数而為之降殺
耳今縣之有社其州之比乎句容縣社稷舊祀由内
附以来歷年滋久隳圮蕪穢莫之改作後至元間達
魯花赤丑閭公始置地於郭南為壇以祀之夷曠遂
幽克称厥制又為齋廳以備風雨春秋祈報齋明芳
潔犠羊肥腯故當是時疵癘不作年穀豐有越十又
五年是為至正十二年劇賊寳来刼擄縣邑撤齋廬
壞壇壝是年冬〻十一月判官常之無錫范都蛮公以

太尉御史大夫高公之命來攝邑長勞來荒亡拯救痛瘵民既奠安乃曰社稷次民者也不可以弗葺於是邑人鄒世惟謂公敬神勤民樂趨斯役因壇之址以封以甓陶美土良靡不中度壇高三尺廣為二十又五陛四出三其級祀稷之壇如其制肆門同一壝瘞埳壇之壬地新作齋廳三楹視昔加勝經始於明年恭月甲子訖於其月甲子鄒君寓書於余曰公之為邑不以簿書期會為之先而以社稷必葺為務其為政之所要重矣子幸為辭而刻之余稽諸經傳有曰民為貴社稷次之人曰重社稷故愛百姓先王勤禮

於社以神地道不曰所重民食乎夫長令民人社稷之所寄也苟不致謹於是不幾慢神病民哉按邑舊志土脊民窶是宜尤加之謹賢邑長以啓以承前後輝映其誠之所要重矣且二公完節篤行槩乎不異見諸行事志同道侔二十年間表表相望則斯壇所繫固亦有不偶然者與竊又聞之昔丑閭公以中宮媵臣授官拔今我公以外臺傳政攝長茲土其視銓選之常調守之正者謂可少自暇豫而二公所守介然始終一節聞其風者亦少儆哉既又繫之詩俾邑人歌以祀神其辭曰我思勾龍繼社之宗亦有田

祖曰蕃曰神農之來矣詒此我里有壝有壇陟降孔邇靈鼓淵々靈旆有輝以報以祈神其欣々春有歆飲秋有稻粱曰殺犧羊神其洋洋神既醉止錫我多祉雨暘以時疫癘不起穀我穡々樂我壽康以翼以

臣邦家之慶

砌街記

學士邢寬撰

龍蟠虎踞之形勝我

國家根本之都也其山延亘走東南僅百里即句容也縣治之南有高山三茅眞君居之遂以茅名九域志云即金壇華陽洞天以是觀之山川之靈神仙據而有之

句容爲縣亦地之靈也縣去大江七十里不通舟楫
民以輪蹄爲負載入執官功與在邑有二畝半者皆
由是塗以邑衆言之户計三萬五千有奇口計不下
三十餘萬執役於邑交易於市客旅之往來輪蹄之
輻輳車軸相軋蹈而路者九達之逵鑿石鋪於中陶
甓甃於外轍跡横斜淺薄蹭蹬盡爲崎嶇磽确之徑
矣故有事於邑商賈於市莫不難之邑大夫秀水浦
君洪俯而嘆曰是道也上以迎
朝廷之詔令官府之督辦下以通民之輪蹄商賈之交易者
敝而不修不徒無以美其觀其實無以便於民爲邑

者之過遂以俸錢給辦公私之餘捐爲修治之費又召耆老胡璇等語之曰是邑通衢之大者不過十之五其他徑捷尤多今皆廢圮歟與汝等重修之不可勞及於衆古人謂凡民之事以身勞之則雖勤不怨吾欲勞之令民於戶出入處願自新者工匠之費吾爲營辦其弗能辦者吾悉治之若宣化甄英等坊數十百柱邑皆自竪耆老璇等躍喜應曰此父母爲民興利也聞而感其惠者莫不心悅從命二尹諸城劉君義從而和之曰因民之所利而利之惠政也敢不捐俸爲之輔斯不踰乘輿溱洧濟乎景泰癸酉夏四

月初吉始工於便民之衢東西長三百九十六丈有奇濶一丈餘亟一月而成次縣前衢南北長二百五十丈有奇濶亦丈餘其他祭院儒學之衢次第咸底於成是歲八月上旬訖工噫數千丈之街功云盛矣成何五閱月之亟也蓋感邑宰之惠趣事赴工心偕樂之成功所以爲易易也初開南北两傍途於坊外廂通東西往來輪蹄使不得入坊中市衢無轍迹也古者入國問禁宰於東西關門各設耆老導輪轂由两廂傍行其保衢不廢之心良矣哉考之邑衢宋英宗治平時僧明慶募民創造後一百八十八年理宗

君韓氏繼宰是邑董治廼事落成於戊戌三月爲樓
者三間爲廳事者十間左右廻廊四十餘間表以重
門繚以周垣規模弘偉視昔有加於是駐節有堂燕
寢有室役驛騎亦各有所然而財費給於公帑傭工
出於常役民無怨者皆一時當道者籌書之良而經
營相度韓之力亦勤告成之餘伐石韓請書顛末
以示後人夫古昔盛時郡縣所在皆設候館委積以
供四方賓客蓋所以傳
上命達下情所關非細故也方今
國家奄有九圍薄海內外罔不通道故驛傳之制特加於

古雖其舊基成毁容或有時然豈可獨視其壞而不加之意哉今讓輯相繼履任乃知急所先務而圖新之是有政焉非直營建之舉而已庸書以歸之後之覽者庶幾嗣而葺之也哉

儒學碑刻

宋　重修夫子廟記　方峻記

江寧府句容縣夫子廟按舊碑云唐開元十一年立迄今周一千九百七十四甲子矣峻去年春移宰是邑臨事三日廟謁先聖周眂祠宇其棟橈像毀迫無可枝梧因嘆曰數百年古邑而夫子之居弗能庇風雨曷以使斯民知國家崇奉之典爲生人教化之本歟載惟廢墜心焉孔疚秋八月會上丁行釋奠礼隘不如儀邑人有樂善如周紉張詵李希元者二十人諭厥意齎牘詣邑請以新之邑聞於府府俞其請委

令佐以董其役衆輸金七十萬市村陶瓦擇匠僦工作殿屋四百椽堂屋半之門廊十五楹齋館文房通十室縮板爲垣環百堵殿以新聖容顏子配坐十哲侍左右曾參預焉堂壁畫三禮彝器東西兩序繪六十子及先儒之精經若公羊高王弼等凡十有二人以次之冬十月經始越明年有成不費民庸不妨農事躬率生徒行釋菜之禮俎豆成列跪奠有儀耆艾聳觀子弟知學昔之墜典一旦恢復崇奉之規著教化之本立亦長民者有志於吾道之一端也大哉夫子之德巍巍乎無得而稱焉峻也謏聞不足以形容

紀頌于將聖第書建作之年月云

新移夫子廟記　　　葉表題

元豐二年己未四月予領茲邑祇見吏民且詢風俗客有興而言曰是邑也據華陽地肺之勝因山容句曲之名南揖絳岩北帶長江東連吳會西隸建康編户四萬物産之瑰奇者不可殫紀秦漢而下高尚而羽化者八十餘人實江左之上游六朝之遺風其英靈秀發亦可謂挺特而雄偉者矣宜其多道藝卓越之士風化比鄒魯而其俗乃以儒爲恥自我宋有天下以文致治百有餘年海隅遐陬不識兵革糧耒結

綬入爲公卿而此邦之人能以仕進者不過一二豈萬室之衆獨無俊乂如海隅遐陬者哉顧養之具未全而道之之方未至耳若今不我謀則已今既謀及敢以爲請縣之南有孔子廟廟貌僅存而學館汙陋不足以容絃誦而常爲虛器廟之南有弊驛荒榛蕪穢不可以寓賓從而徒藏藪妖願遷舊廟之卑下以易弊驛之爽塏而董葺之協卜之吉不亦善乎吾應之曰夫民俗之不率上化之未孚有學而士不游有館而賓不止徼予之言益令之恥上其議於曹曹可其議於府以官錢二萬三千從而新之不累月而

館學成於是士之孚其間省數十餘人賓之遠至者
如歸嗟呼學校之不脩令之罪既脩矣而道不講為
士者宜何如哉是非特所以識廢興且告其邑之人
無互鄉所嗤也

重修夫子廟記　江賓王撰

鄉校不可一日廢也尚矣青衿逸城闕鄭詩以為刺
下車修庠序漢史偉之盖申孝弟勵賢才取士論政
養老尊賢悉由於此故君子於其興廢也有以知國
之盛衰見人之賢否句容舊有夫子廟在縣之東謹
按古碑立自唐開元十一載我宋之興文物隆盛元

豊二年葉公領縣病其卑陋且悪俗不喜儒相廟之南有驛焉寛閑亢爽面對三山峯佳氣勝槩可坐而致於是斷然徙之夫革故取新固自可喜然民猶狃於舊俗能以仕進者寡粤自致和改元太師益國秦公領鄉貢選以戰事寝未有伊皋之器懷孔孟之業講解六藝啓迪後知時肄業者咸得折衷春誦夏絃彬彬然有洙泗之風自是命鄉論秀賜第於庭者肩摩袂屬登樞府踐華冑抑有其人嗚呼師儒之訓其效至於是耶獨是歷時滋久廟貌昏翳舎傾毁非所宜称東平龔濤仲山履行端方飾吏治以儒術凡有

施設知所先後紹興壬申以左奉議郎出宰謁廟之
初喟然嘆曰創於前者欲美而彰於後者欲盛而
傳令鄉校若此有忝厥初人其謂何越明年八月乃
率僚屬鳩工賦役儀門正殿講堂精廬雄深巨麗規
模宏偉而又揭大觀八行八刑之碑畣益公一德之
像廼左廼右各有攸居棟宇屹然可瞻可仰閏十一
月丁亥告成集師生賓佐以落成之且舉釋菜礼以
祭于先聖先師籩豆簠簋列於殿廡升降進退蹡蹡
蹌蹌父老來觀低回留之而不忍去多士欲鐫石記
之以無忘令之德猥以見屬賓王忝葉梓義不獲辞

然天下之事務其大者遠者則可書不然徒為琬琰奚益春秋之世魯僖公能脩泮宮有史克者作頌鋪張揚厲惟叙其采芹采藻献馘献囚而已至若棟宇時制則畧而弗言意固有在矣矧今日之事哉吾知令之意不在挈楹計工誇耀一時也蓋欲後進方領矩步升堂入室敦詩書閱礼樂然後發策决科致君澤民以繼踵先達益知教化之所自来其所務者遠且大誠可嘉也於是乎書

重建縣學記

劉宰撰

奉議郎古括吳君淇来宰句容當覃事方殷軍須旁

午之時內事拊摩以不失聖天子愛養元元之心外謹供億以不遺賢方伯綏靖邊方之畧既內外兩盡上下交孚田里晏然絃歌有裕深惟觀民設教王政所先化民成俗令長之事而是邑也厥田惟下厥賦中以下田供中賦故其民勤其用儉惟勤惟儉不見異物而遷焉故其俗最近古易以入德而望是邑者三茅之山峯巒回環竹樹深密有泉之勝而無岩崖谿谷之險隱君子之所宜居相傳以爲秦亂茅氏兄弟實居之若武陵源然其居之安遂往而不返而誕者果之以爲於此昇焉使聞者遐想至者企慕廢乎

遼東之去有時而歸緱山之會有時而復幸旦莫遇之則九醞之觴可得而飲五百歲之桃可得而食駕鶴驂鸞可騰躍而上也而理卒無是則姑愧其誕憂其窮竊取屈平九歌司命名篇之意以名其山之隱君子以為仙駕雖不可望而死生禍福之在人容有可得而轉移者蓋昔吾山之隱君子在天之靈實司之使世之貪生而畏死懼禍而徼福者爭趨之以庶乎久生而無禍而理復無是則又害於說之窮愧其誕之覺並緣傳記所載吾夫子問禮老聃之事肖土木像二名其二偕傲鮮腆者為老聃而以其讓以自牧

者為夫子曰老聃吾師孔子吾師之弟子也庶幾夫知敬吾夫子者必知敬其師知敬其師者必知信其徒之説不知老聃以清淨沖默為道豈誕者所能師夫子既聖不居不耻下問儻以所嘗問為師則問官名於郯子問每事於太廟彼夷狄之長駿奔走執豆籩之人皆師乎故為前之二説則自誣其山之隱君子為後之説則不惟厚誣吾夫子併與其所自以為師之老聃誣之其誕可勝誅乎雖然為是説者東西南北之人非吾邑之人也彼其以誕承誕以愚詐愚而吾邑之俗近古而易以入德着自若然則興學以

道正人心息邪說閑先聖之道非賢令長之事乎君於是搏縣貫之浮計學廩之羨益之以邑人之願助市材之美諏工之良涓日之吉撤舊宇一新之殿陛深邃嚴王者之制堂廡廣修倣侯泮之觀宸章有殿先哲有祠而士知所尊校文有廳肄業有齋而士知所勉下至庖澼積貯之所僕隸之舍各稱其宜揔之為屋六十而墻之袤丈者百經始於紹定庚寅季冬之朔閱十有六月乃成計米以石厥貫凡四百有五十錢以緡凡三千八百有四十二以日凡萬有一千二百而公不告匱蓋以均節有道私不告勞蓋以勞

来有方既屬宰記其事宰惟君之此舉所関者大不
但為子衿城闕而已方緒次顛末君復以書来言古
之學者必至大學而後成大學之道在明明德余故
以明德名堂而手書以揭之子盍為我申言其義宰
惟明德天所均賦惟先明己之有是德而後能明人
之德故明德必自致知始夫苟致其知矣則是非明
辨而異端可得惑乎知至而后意誠心正則無妄念
無邪思而憑虛御風等說可得入乎由是而身脩則
視聽言動罔不由禮安有自放於禮法之外由是而
家齊則家人婦子各盡其道安有自絕於倫類之間

又由是而推之以治國平天下則堯舜禹湯文武所以爲克明其德反是則周穆秦皇漢武所以爲耄荒而不可救藥也君曰然此固吾鄉之士不待告而知者雖然是道也豈吾鄉所得私哉當刻之石以正謬者之罪爲愚者砭云

重建縣學記

王搆撰

至元丁丑江左既平詔至行臺揚州于以正風化而新彝倫也今翰學西臯趙公爲侍御史實膺持憲之寄後三十年其子靖初筮得句容尹亦維揚分邑恪遵嚴範力於政而躬於廉首以風化之源繫於學學

政未舉心撫字而戕承宣者能追其責歟暨監邑簿佐捐俸金勉以率衆儒人唐思謙王起隆等餘六十人咸知尹君見聞之早淵源之富說以聽從而服其役爲禮殿崇踰舊者及尋深廣稱之賢廡崇廣皆倍其舊講室爲楹五翼以四齋楹八圖書禮器各有庫戟門欞星門凡再重而闔則其十二中外煥新規設一合於禮二年寅告歸公詢其爲政之要喜之走書歷下委搆以記構惟三代之學不可見而三代之所以爲教者布之方策既詳其著黨庠里序等而上之無非教也萬家劇邑介乎江淛華庾之鄉業号新宮

雲敷霞峙衮服當坐侑享從祀以序教之有方養之
有漸紳佩群集時肄季考絃誦之音既聞而揖讓之
儀重見豈庸人所能辦哉不患無功患人不為以君
之雅才通識泓然諳理擴其所施宜有大於此者宜
其不詭流俗不懾浮議不骪骳以躡人之後也善良
則扶之豪猾則斥之歲饑於飢豫言以防災賦非土
產啓請而獲免一念之頃莫非為民而廢工廢獄能
飭能詳次以咸整亦三代先教後刑之遺意歟君將
南還升堂振矩為諸生講正學以脈道統方春風駕
行井里告知以孝悌忠信抑其末而本是從俗近鄒

魯自昔而然華其言僞悉如舊俗志頽廝畢矣雖然
昔賢之事業先儒卓犖乘範於世者非一載居其位
食其禄不有以振起之則日以隳裂莫可禦已苟此
聰明陳門季方龔雍僩之範而出應世用皆是準的
群倫又何暇於他取哉句容之人何其幸歟

重修明德堂記　　貢師泰撰

句容縣廟學唐開元中始建於縣治之東宋元豐二
年稍徙而南皇元混一首崇學校縣尹兀顏英贊靖
先後脩葺邑既完矣獨講學之堂湫隘弗稱至順四
年達魯花赤那懷實更作之扁因金華馬先祖故書

曰明德惜乎當時構締之少堅也距今纔十年已弊
陋弗支至正元年冬十二月彰德李君溥來為尹始
至用故事釋菜於先聖先師退坐堂上慨然謂教諭
新安胡玄穆曰盍相與圖之玄穆曰吾職也顧學廩
之入不足以勝工力之大爾明年六月大風雷雨壞
堂之北隅君即捐俸率士之有力者撤而新之踰月
訖工且闢屋於堂之下兩楹題曰止善新民疏擴清
曠迥脱囂塵復計其餘材當大成殿南向為露臺以
備臺濯登奏上下之儀雅樂祭器亦罔不備靡楮幣
凡四千五百貫食粟八十斛玄穆乃以書來請於宣

城貢師泰曰願辱記焉師泰雖未識李君嘗知其辟
御史院丞相府掾讀書識治体而玄穆又師泰門第
也知其善學為尤悉固敢即名堂之義而告焉夫人
以一心之微而其体足以具衆理其用足以應萬事
如鑑懸水止無纖芥之汙故曰明德然不能免於氣
稟物欲之累必加以明之之功始復其所以光明者
故曰明明德蓋嘗切求其所以為明德者心於五行
屬火火之明無不照故心之明亦無不燭火息而幽
闇隨之猶心德之蔽而利欲昏之也火明則物無遁
情德明則理無不燭斯道也亦微矣歷代帝王之授

受孔門師友之相傳近而日用常行之間遠而鬼神
事物之變舉不外乎此然其明之之要非泛然無主
以求之也非冥然待其自覺也非躐等凌節以一蹴
而至也循之以序進之以漸待之以久使其優柔厭飫
會一旦豁然貫通而力行之功且足以踐其所知則
洞然虛靈之府四端萬善靡不在我然後推以及人
而人亦有以自新焉是以君子之心雖窮居僻處而
堯舜其君民者未嘗一日而敢忘也況有民社之寄
者乎後世茲道不明學者專意乎記誦詞章之間仕
者從事乎刑政法度之末其他紛紛各以意之所便

為學而成己成物之功始貿貿焉莫知所向矣嗚呼登斯堂者觀其名而思其教又思各造其極而不遷其庶乎古人之心也夫抑亦李君之心也夫君字外敬贊而成者主簿樊嗣祖縣尉張奎典史趙由道周夢麟也

重脩儒學記　偰哲篤撰

句容為縣最古漢長沙王子黨建侯於此國朝舊臣創兀氏亦以此封王爵其廟學宏壯異他邑第歲久不治漸入壞域至正丁亥八月縣尹邯鄲張承務士貴迺率義命工不資學計自堂徂門暨翼序齋庖都宫

環堵閭不畢葺遂使雕甍丹楹朱扉繡戶悉逾舊觀當興役之際適有凶盜由淮句歷朱方登茅阜涉土橋問津龍潭欲走江以逸鎮南王令司馬會省臺帥臣督十餘路戍士圍丁東華山抗萬夫長江寧監邑死之彌月有半始克殄滅于時應酬徵需供億饋餉承務寢食兩忘一如律令仍於巡繳閱柝輯綏里閭不憚劬勤篤志廟學可謂本末具舉得為政之要矣予膺臬寄海北尋調西蜀未幾遷拜工部之命還抵金陵溧士謝瑛時攝事於學請文以識諸石予惟正人心厚風俗無一不本於學人心正風俗厚凶盜安

從生哉承務能飭俎豆於甲兵中以急人之所緩視
不知所當務者邈絕矣則其政績宜亦可歌故輟行
不讓系以辞云易列蠱卦事壞必新詩誦泮宫專美
魯申先甲後甲文象可則獻馘獻囚卒以殲賊彼殺
越人暴禦國門緣教之失懿德遂晉騈首就禽或斮
或磔寃原以恩惕然斯側礼讓興行疇不向方雖賞
不竊刑措成康猶與張尹卓見不惑尊崇聖道淅此
邑國美錦優製發聲謌絃歌纂脩樂石永矢弗磨

重修學校記　朱純記

皇明受命既全有天所覆乃大興學校

詔天下府若州暨縣置師弟子各有員給既廩程業
藝成造士之域有貲則貢之春官考而登之辟雍往
往入為
禁闥侍從臣或握憲節出佐藩翰承宣郡縣取人於斈校
用之不次莫盛於今日句容縣學唐開元肇建宋元
豊中更其地而益宏其制焉宋暨元修建不一元季
迄今久不修故壞益甚每風迅雨厲則凛然隤壓是
懼洪武巳未春河間韓侯思孝宰茲邑嘗以大昕謁
先聖顧謂僚屬曰惟學宮陊剝不治咎實在予然民
力亦不可亟也視屋之甚圯者吾先施功焉以次而

葺之則民不勞而事亦集於是圜視周覽以為尤壞隤者大成之門為楹十周廡之兩廡楹三十資於衆鳩工聚材凡棟柱榱桷之朽蠹敗腐者更易之構締之池其鑿枘者歸其故而繩直之皆撤其覆蓋之瓦去其毀缺而加塈塗焉為諸生肄業之所于西偏寢息各有室績垂就侯去官功遂輟越三載沁陽韓侯宗器由太學出仕蒞斯邑勉勵諸生益不懈加敬且曰學宮之大莫逾茲明德之堂實維朔望講聖經考德業於是乎惟師帥茲邑弗有所圖其曷辭責即命修而新之廡隅曲執整飭峻嚴巋然壯觀矣功甫就

緒士方相慶適值
上命頒釋奠儀下郡縣尤加意崇文縣學祭祀之用與凡
養師弟子者歲賜米六百石置吏會計出納亦賦以
祿前代故有贍學士田復歸之 学歲入不盈其數者
益以他名田凡所以留
聖心施渥惠者甚厚時洪武十五年五月也父老士咸喜而謂
純曰我一學校之興前後護兩韓侯有以經始於前
有以成美於後今吾侯方當考室之日而釋奠賜田
之命適至蓋誠心體
國家盛意故默契若是子其以文鏞張盛事式純因竊維

念古昔自司徒典樂有官而學校立更三代至周法
乃大備故周人之詩曰鎬京辟雍自西自東自南自
北無思不服說者曰風化出於首善之地則教行四
方矣今 京師新國學以為天下風化之本句容雖
縣邑然近在畿甸去京不百里實為四方環視瞻仰
之地非他郡邑比也士大夫來 京師經是邑者游
觀相繼亦天下首善所係為遠人視效取法則者學
宮之修有裨風化不但百里而已也方盛世勸學興
禮以風四方而吾邑連獲二賢令先後合完之其可
紀也已且繫之以詩〻曰帝汎八紘作都金陵八紘

既徵文治聿興維句曲縣迩在畿甸咫尺
聖聰環四方之面庠序既建壁煇奎絢育我俊秀俗化攸善厥
初孰修河間韓侯合而未完值侯去官既有縣令實
維同姓謂學校之政
上實有命前功之未竟敢不承以敬乃謀乃理俾完而美屋覆
垣峙丹雘有煒跂 祀行禮有饌其簋珮衿濟濟陟
降堂只稽經諏史克慎諾唯為基萊杞李以貢于
天子立邦家太平之祉

重修戊明祀　　胡儼撰

句容之為縣以其地有句曲山故名自漢唐以來雖

屬置不一然自會昌間升為望縣至于今民物富庶
畿甸稱爲縣之有學始於唐開元十一年在縣之南
至宋元豐二年令葉表徙今處紹興二十三年令龔
濤增修之翰林編修江賔王為之記元至大二年尹
趙靖重修之翰林學士承旨王構為之記至正丁亥
尹張士貴又修之工部尚書偰哲篤為之記至
國朝永樂丁酉七十有餘年而廟之戟門敝壞知縣周庸
鄭主簿趙啓典史劉原善教諭趙學拙乃作新之繕
工美材皆出已俸訓導諸生亦各以具貲来助於是
為門若干間設戟於門之左右經始是年五月落成

於秋七月覩模之壯觀丹漆之炳耀儼然王者之宮也庸節以書来徵記按宣聖廟門準儀立戟十六始宋建隆二年至政和元年增爲二十四戟所以備儀衛示尊崇也嗟夫學校教化所自出其興廢實守令之責然所以爲教化者豈專以廟堂爲美觀哉要之有其本也苟敝壞不治則無以將事既撤而新之此爲政者知修其職也至於務本則吾黨之士當以勉之昔我

太祖高皇帝既定天下首崇學校之政教育人材作新士習詒謀於萬世者遠矣至我

皇帝繼承大統繼志述事表章儒術深念天下學者務科目進
取致力於章句文辭之間而忘脩己治人之實乃命
儒臣取六經四書與諸先儒之與論所以發明聖學
維持斯道者類聚成書
賜名性理大全頒之天下學校而嘉惠學者使知務本之
意所謂天祐下民作之君師德教之隆超軼前古天
下之為師徒者當知此書美教化而叙彝倫一道德
而同風俗需此焉出非徒科目進取之事也況句容
密邇京師尤係教之所當先者也至於化行俗美其效
之淺深厚薄則係乎其人焉然則君子由於斯者其

可忽哉

重修明德堂記　　　苗衷撰

夫道者天下所共由之路德者天下所同得之理學校所以教育天下之賢材講道德之地也歷代聖人君有天下者為天地立心為生民立命為萬世開太平蓋必以此為務焉傳曰學則三代共之皆所以明人倫也哉

太祖高皇帝龍飛淮甸奄有區夏首以教養為心內立國子監外及天下郡縣莫不有學至

太宗文皇帝

仁宗昭皇帝以及
今上皇帝聖聖相承繼志述事崇儒重道所以六十餘年之間
天下平安風淳俗美禮備樂和皆由師儒得人養賢
造士之所致也嗚呼盛哉南京應天府句容縣學肇
建於唐開元中歷年既遠屢加修葺惟明德堂乃元
至正四年達魯花赤那懷重修建之堂也未幾敝壞
縣尹李溥教諭胡玄穆又相與新之歲久復敝今宣
德二年南陽許君聰來尹是邑嘆曰建學所以造士
也堂敝若是豈
朝廷崇儒之意哉豈師友講道之所哉遂首捐俸資若干

謀再新之貳尹郭君震周君顒張君文嘉主簿羅君昇傳君詳典史李君端咸出粟有差教諭趙君充適訓導方君肇暨凡遊學生徒皆捨金以助迺鳩工聚材興作於是歲十二月畢力於明年三月堂之成也匪雕匪飾不隘不陋高明宏敞煥然一新為間有五為架有九廣六丈六尺深二丈八尺復以餘材建止善齋於堂北由是講學有容而明明德之功有自矣太宗伯邢臺張公聞而嘉之謂余曰子職文辭盍為記之俾刻諸石用永昭厥美嗚呼聖人之道大矣先天地而不見其始後天地而不見其終堯舜禹湯文

武之相傳周公孔子顏曾思孟之為教民生日用之當行無往而不在是故義君臣親父子別夫婦序長幼信朋友莫非此道之所為也所謂明明德者明此道也道之不明則君臣父子夫婦長幼朋友之理遂湮矣此教化之所立德之所以明而新民之功亦自此而推之也許君為政乃能體

國家教養之意急急以勸勉為務者誠善政也凡為師生幸登斯堂朝夕相與講明者要當知其所本豈專記誦詞章之習為足尚哉是為記

儒學進士題名記

周敘撰

進士之科士生當時出身致用之至榮者也鄉書有録禮闈殿試有録天子之學宫有題名郡縣學宫亦有題名何其名稱累書而不啻若此哉予嘗求其故矣士方潛蓄未施游藝庠校研覃窮理正心之學講求致君澤民之術竭日夜之力以與登薦於策書齒録於仕板得志以行道顯親而揚名榮孰甚焉及其仕也或貪墨以敗官或回邪而失守一斥不復名德同隳為父母鄉黨僇不榮又孰甚焉此題名之記所由立也盖将使後之人於指其名稱而歷評議其賢否得失豈不凛乎其可懼哉句容縣内名邑人物彬

彬著自古昔而科第莫盛於宋尤莫盛於
國朝自洪武開科迄今正統登黄甲者十有二人領鄉書
者十有八人仕歷中外文明官績炳乎其相輝蔚乎
其有文所以為科目榮者多矣而今之輔佐廟堂進
退人才卓然為公卿之所推許者莫逾於天官侍郎
青公也豈非盛美之所鍾歟然則大有光於斯名之
題者得不在兹乎嗟夫光嶽氣完異才間出
聖明龍興八十餘年涵煦培養之功厚矣自今以往安知不有
繼侍郎公而振起者哉盖相與勉之知句容縣事韓
侯昴以作興人才為意在任而未克遂監察御史羅

箎奏治縣內韓侯以告亟命成之相率徵文於予紀其故予不敢以不敏辭遂為之書

鄉賢祠記　　胡炳文撰

祠鄉賢所以善風俗表忠孝所以尊綱常容邑祠非其鬼者甚衆古所謂鄉先生歿而可祭者學未有祠非缺典歟泰定乙丑乃始闢講堂之西為之按邑志及史書唐有張公諱常洧居喪盡孝廬墓三十六年劉公諱鄴事主盡義當黄巢之亂不懼賊而死此正李泰伯學記所謂為子死孝為臣死忠者也祠之於學見鄉先生之所以可祭者如此見士之所以為學

者當本乎此高山景行之思秋菊寒泉之薦使人觀
觀尊尊之天油然不能自已者其或士之躬行於此
猶有歉焉不可以升斯堂拜斯祠矣然則此舉有關
於綱常有補於風化者淺淺也可不為之記

恭刻制詞記　　　　張起巖撰

孔子之道萬世準則歷代崇奉有隆無替然未若聖
元推尊加號之極其至也國初廢事草創文治未遑
太宗英文皇帝建學中都遣國子就學士之通經中
選者復其家始祖皇帝敕上都孔廟聖像十二章服
暨純以金飾之登用儒先禮聘文學之士學校有官

鄉社有師詔旨敦勉著于令申武宗仁惠宣孝皇帝
加大成至聖文宣王號遣使闕里以太牢祀郡縣廟
學敷宣綸言鐫之貞石昭示永久仁宗皇帝正孔廟
配享位以宋九儒暨先正許謚公列諸從祀文宗
聖廟元孝皇帝繼志述事加封宣聖考妣齊國公曰
啓聖王魯國大夫人曰啓聖王夫人厥配并官氏曰
大成至聖文宣王夫人加兗國復聖公郕國宗聖公
沂國述聖公鄒國亞聖公復追封二程子河南伯為
豫國公伊陽伯雒國公朝議刻制中外廟學於是集
慶句容縣尹李允中教諭劉德秀鑿石就礱書刻有

日謂宜有紀述以彰昭代右文之懿宣聖五十四代孫思立遂為監察御史請之起巖至于再三豈以起巖常承之冑監累官史局詞垣於記述為宜也哉蓋前聖之道得孔子祖述憲章而益以顯後聖之心必孔子是則是傚而為盡善矣師其心必崇其教而不論其世可乎斯道所以亘萬世不獘大倫以明生民以安氣運以昌一皆本於聖人則尊其所生以及其配允謂稱情矣況斯道之傳派誠所在人至乎繼絕乎而繩墜緒盪除習俗開發我人功加於前德垂於後者尤在表襮也夫以國家重民教尊聖學擴充旁

達無所不用其極則職乎近民而膺承流宣化之任者其整飭作新者當何如哉繼自以往凡來遊來觀仰瞻奎璧雲漢之章宜知所向矣

大樂禮器記

趙承禧撰

皇元崇尚聖道推尊孔子自國都下達都府若州縣莫不有學學必有廟祭必用禮樂參酌古今損益時制釋奠之儀式著于令典惟其守宰有指有愚故其禮樂有舉有廢豈非以禮樂待人而後行歟按素王世紀漢魏以來闕里雖崇與祀隋唐始詔天下州縣皆立學春秋二丁陳三獻之禮宋政和間始頒大樂禮

器許内外族人及縣學生咸使肄習然皆未若我朝
禮樂脩舉之為極其盛也句容為金陵屬邑學創於
開元迄今六百餘年其間興廢不一再紀至元之二
年教諭劉德秀來典學事嘆壇宇之弗葺切然疚於
懷爰白於帥於是縣尹李允中然其言曰學校乃育
林之地風化之原禮樂之所從出也宜相與戮力以
扳斯文積歲租度材以飾宫牆崇廟貌為先又命立
石六跌恭刻皇上勉勵徽章先皇帝加封宣聖考妣
及四配豫洛周公之制詞侍御史張公起巖為文記
之册堅一新講習以盛遂縣尹秩满告行謂同寅曰

學校苟完美矣雅樂未備享禮未輯如神之來格何監邑丑驪敢武慨然以為已任率僚佐各捐已俸倡之鄉胥里人相與觀感而樂助焉教諭華其成不憚勤勞而殫佐之迺制衣幅巾深衣兼以襴幞角帶革舄會陸十龔命銅工為冶造簠簋罍爵禮器凡一百五十有一各分職以執其事至於鍾磬笙簫琴瑟塤篪柷敔簨簴之具一一務精徵以爲永遠而不斷於此貫樂生二十五員選俊雅弟為之致郡庠與樂士淋習浹月秋丁告成書其實請記於余余聞之先生之制禮樂也有本有文誠敬和易本也器數制度文也本主乎

中文著乎外故郊焉而天神假廟焉而人鬼享用之
朝廷則和而平用之邦家則無所悳而不當吾夫子
曰禮云禮云玉帛云乎哉樂云樂云鍾鼓云乎哉蓋
以本立而文有以行也絲衣之紑載弁之絿犧牲之
備粢盛之修玉帛充庭而鍾鼓在序文既著矣儼乎
有聲肅若有容齋祓一心對越如在本斯立焉由是
而事親從兄序而大和恭遜雍愉之化漸被隣壤斯
則禮樂之實而聖人之大教朝廷尊尚之盛意也嚚
不預焉尚相與勉之

重建文廟記　尹直撰

學必有廟以祀孔子以行釋奠釋菜之禮以示不忘其學之所自也孔子尊視王者袞冕南向故廟制有四柱屋扁曰大成殿歷代已然崇卑豐陋則係有司賢否而教道之振弛所由徵焉句容學廟自唐開元間建於縣東宋元豐二年徙縣南即今所也紹興壬申元至正甲午修葺僅一再迄茲幾二百載凡更幾令視廟朽敝或莫不介意或力不逮志乃成化戊申冑州徐侯廣以進士來知縣專力敷政化劐創蠹獘訟簡盜息政通人和嘉禾瑞麥駢出畎畝明年歲大有秋即謀於教諭蔡祥訓導潘浚曰文廟風化所出

興學有司首務廟地若此吾於諸君其敢弗力遂各捐俸為倡一時閭右效義競出金粟以助焉侯擇四耆民搶遣司出納敦匠事而規畫督率則躬洎二師儒同一心焉經始如是年仲春之望落成釋菜於仲冬之朔材石堅良丹鑊煒燁其高為尺三十有七深視高加尋廣如深而兩廡戟門以次具舉規制壯偉倍蓰曩昔夫學之師儒乃具書遣庠生周祚介鄉進士凌傳來徵予文刻諸麗牲之碑以永示侯之功於無極昔人謂仲尼之道與王化遠邇蓋化道之行浹於邇斯被於遠勢同然也我

皇明尊用孔子之道陶範斯民内自京師遠自四裔無處無學

無學無廟南京尤

祖宗興王之所首善之地教道所從施應天京府也句容應天屬邑居南京不百里而近其沐浴聖教衣被王化于今百餘祀最先且浹故其士習之隆盛人才之彙出迥迭前古宜廟學之壯麗宏偉冠四方乃今見之侯其賢哉聖神如天洋洋在上凡百襟佩游歌於斯也覩其巍然儼然肅然焉於駿奔之時凛然於拜謁之頃感發興起端其所學而不雜誠其所存而不僞高則養正以成聖功次則游藝以取高第躋顯仕斯不孤

朝家教養賢俊作興四方仰止京畿望邑不亦宜哉

射圃記　陳敬宗撰

國家建學立師訓迪賢俊教之詩書六藝以弘博其知識而於射則别設圃於學宮之外寬閑之所以便發矢應天府句容縣儒學舊有射圃邑長學師怠弛其教久棄弗理遂至迷失其所正統辛酉監察御史徐公巡歷句容乃欲追舉墜典詢諸故老得之於縣治之東又為邑民所居徐公勸率出價金購復之廣袤十有餘畝方在剷除平治而徐公遣值還朝事弗就緒歲乙巳秀水浦洪會川來尹兹邑乃克扁后

厥功中建觀德亭而外則繚以垣墻焉每遇長貳率厥師生習射於其中射必以耦而進勝者賞負者罰周旋進退於威儀禮讓之間觀者莫不賛之曰復舊業於既失之後興隆典於久廢之餘茲皆滿洪之功也何其賢哉於是學之師生教諭黎自成等相率請言為記惟射之義廣矣大矣古者天子諸侯卿大夫士皆重之周官司裘共王虎熊豹三侯設鵠諸侯熊豹二侯卿大夫麋侯皆設鵠此大射之侯也王射三侯五正諸侯射二侯三正卿大夫射一侯二正士射豻侯二正此賓射之侯也而州長射於州序

其侯亦同賓射天子熊侯白質諸侯麋侯赤質大夫布侯畫以虎豹士皮侯畫以鹿豕此燕射之侯也茲三射之侯以其饒之多寡而别尊卑焉天子射百二十步諸侯九十步大夫七十步士五十步所以明尊者所服之遠而卑者所服之近也其制度有如此者夫射不特施諸武事將以習禮樂焉故諸侯之射也必先行燕禮卿大夫之射也必先行鄉飲酒之禮所以明君臣之義與長幼之序也天子有□於郊廟必先習射於澤宮擇士以助祭焉十者諸侯所貢之士也其容體比於禮其節奏比於樂而中[illegible]

祭否則不得與於祭而有慶讓
有德也諸侯繼世而立矣卿大夫有功而升矣皆
試之以射考其德行與其才之高下焉 以慎其
爵也天子以騶虞為節諸侯以貍首為節大夫以采
蘋為節士以采蘩為節節者禮樂之節也必修其節
而矢焉則射豈可以藝道觀哉孔子射於矍相之圃
賁軍之將亡國之大夫與為人後者不敢入而唯幼
壯孝弟耆老好禮者得在賓位則射執弧矢者其賢
可知也故曰射之藝舊矣大矣夫豈不信句容射圃
即古州長之射於州序之禮也浦尹窮經力學且善

奉知兄貨於禮樂而又射非特專志乎主皮而已也故於是圃之作惓惓焉亦可謂知為政之要矣而凡習射於是圃者苟能揖讓進退不失禮節內正其志外端其體操弧挾矢審固而發庶幾乎習禮觀德克合古道且無負賢邑令興學之盛意矣予故歷敘古之天子諸侯卿大夫士禮樂制度以曉之使觀者少知射禮之重如此而不敢易視之也耶　來其敬慎哉是為記

句容縣志卷之九

句容縣志卷之十

儒學訓導浮梁程文仲貽纂輯
致仕同知邑人王韶思舜校正

文章類

祠廟碑刻

唐李衛國公市曹義井記

大唐李衛國公諱靖字藥師京兆人也姿貌魁秀通書史嘗謂所親曰大丈夫遭逢聖主要當立功書竹帛揚名於萬古必不作章句儒舅氏韓擒虎聞其言與之論兵法大奇之吏部尚書牛弘

王佐才也左僕射楊素嘗撫其牀
此繼而隋末大亂天下盜賊蜂起靖事高祖進謀
天下平王世充斬開州賊冉肇則破夔州武德四
大閱兵於夔州師扣夷陵荊楚之兵不敢當生擒蕭
銑秋毫無所犯由是江漢列城而歸朝以功拜檢校
荊州刺史授領撫慰大使率兵南巡察長吏賢不肖
所過禮高年賑貧乏褒善良起淹滯問疾苦延見鄉
老宣布天下德音遠近悅服是時輔公祏大張聲勢
衆兵置官屬僭帝號占守丹陽城及高祖召靖入朝
授方畧遣李勣等四總管偕付公將精兵直至丹陽

城下公拓大惧敗之就擒餘黨有害民未降下者勦戮於句曲郡茅州以謝百姓公躬至郡安慰百姓吊死問喪賑卹貧民苦心感悦父老咸曰生我者父母活我者惟公也公旌旆將行百姓遮道而泣願立公生祠傳子傳孫不忘感德於是立祠堂闕茅井八二今市口䟫市曹義井武德六年茅州廢爲縣公開拓佈德於民心爲大唐開國元老輔佐高祖太宗東平高麗西平龜兹跨于闐磧石之山西域諸國皆以内屬南盡林邑之界北平突厥過薛延陀降匈奴喋血虜庭自陰山至于大漠盡大古足之境土宇　王域亦不

過此公謙遜不伐未嘗言功位至尚書兵部大丞
衛國公兵書見行於世薨年七十九謚曰景武惟市
曹義井祠宇存焉泉水不涸飲之益人壽此實公之
遺惠也

重建宣聖祠記　孔希潮撰

句容清城孔氏蓋自上世四十八代祖諱端隱者年
甫一十八歲在宋登第中科察推江寧府德政有方
歷一十載在任而終其子諱瑄伯祿甫城居僅四十
餘年乃徙句容之福祚地名曰清城居焉嘗念聖祖
遺像懸隔築基建立家廟以奉烝嘗即今道林遺址

是也伯祿公而下子孫繁衍祀禴不闕後次子千八翁者自清城析居過後里斷巷蓋以有年自昔至今家業既興子亦繁而嗣亦昌矣此莫非上世垂裕以致然耶今五十八代孫孔禧繼述前人之志不隳先祖之業一日咸集長幼坐隅以言清城廟宇歷年以遠風雨傾圮將無以仰賴祖澤之餘風又何以使後世子孫知所本也且吾宗雖春秋以致家祭則此心猶為未然嘗欲擇地於家西重建祖廟以致春秋祭謁之所買吾族孔沂孔清之業緣意遂而心未擅也乃聚族長孔文知文爵等慨然各助資貨共

乃經營於永樂庚子歲庀材良者厥工善並力越明年而落成殿堂哲廡朴素渾堅巍巍乎似金陵之勝狀自祖像以下及配哲冠弁皆繪飾有方洋洋乎慕闕里之遺風於乎聖祖道德之大昭如日星冠百王之師範為萬世之法則立三綱五常垂憲萬世延流孫子福及後人世澤蟬聯千萬載亦泯者焉今子孫散而之四方者南北以訂譜系惟句容清城孔氏寔東魯之餘芳衍南衢之支派今孔禧越出衆人之表讀書尚禮遵乎仁義而慕乎世教不以其事繁而畏縮不以其功大而憚煩專一其心不忘祖澤不

遑暇故家廟得以煥然一新則功可得而不歸於
禧也予守先人宗人府君奉議大夫瑩嘗與禧會於
官舘乃告予曰禧之所以用心者以其崇聖祖之道
故也若此不倫載於龜趺螭首之間則後之人與我
同志者莫知所自以前人之功闇然而弗彰矣亦愧
不能爲文嘉之誠有不可辭略述以載之使後之覽
者將有興感而知所自矣

顔魯公祠記　　王遂撰

淳祐二年遂守宛陵愛魯公之爲人而無能得其像
者朋友劉汝進過虎耳山謁其墓而得之取南豐祠

記而讀焉意其若臨川爲堂以祠者亦足以表一方
矣後五百年知句容縣張君槃以縣圖經見寄載縣
東来蘇鄉後顔村有顔尚書塚石亀俱在然知公雖
死於蔡州而踰年淮蔡削平贈公司徒謚文忠而盧
杞既貶李希烈敗喪斬首獻於朝有詔子顔碩護喪
歸葬後顔即虎耳山句容爲邑終唐之世惟至德戊
戌與上元辛丑屬昇州故其址基猶隷潤州句容縣
顔尚書塚凡墳十八塋歲代湮易昭穆雜處惟有石
人石柱石碣墓地雖存而墓誌無在莫克表識是可
謂缺典矣自陋巷繼絶顔含師古咸以文名果卿兄

弟皆著嚴節公字畫遒勁其放生記及府學碑茅山碑皆為世所貴重晉有臺城卞壺之難父子一門皆著忠孝雖非土人其去之三百年猶稱一郡豈偶然者故莫易於慷慨殺身莫難於從容就義觀之志於死而不輕於死亦足以見其處之有道矣夫死生大節也出處大事也唐之禍始于天寶甚於貞元宋璟張九齡已死李絳裴度未生當是時惟郭子儀陸贄段秀實李泌陽城號為得人而無救於唐之禍微李晟鄭叔則等救之於前李皋動於其後則人心之公理絶矣平原失守恨二十四郡無一忠臣至有不識

公之歎十七郡見推歸重蕭代遣李輔國元載盧杞不悅南豊所謂忤於世失所而不自悔者天下一人而已此足以見其為烈而所以處之者未見也初杞聞舌舐先中丞面瞿然下拜而怨已深殆李元平奉使無狀而代之行是一死也而但勑於弟奉家廟撫諸孤四將強自推擇公曰吾兄杲卿守節而死希烈設坎不及用拘送蔡州自度必死自為之誌曰此吾殯所是二死也希烈問朝廷群臣儀式不對積薪於庭欲焚之公怡然唉曰豈受汝誘脅此三死也為吏稱勑從大梁來公罵曰逆賊耳此四死也且言吾自

十八至七十六而謚天下望而稱爲魯公廟不必璧帛不必賜其所以卒未易言也南豐有恨其雜出浮圖神仙之說韓愈之外未必可以責人近世名公咎其年高而不能勇退此言當爲後世發而非所以爲公論也張君非開人心覺天理爲令之職乎而所以褒其墓求近居進士吳龍指示其處且忻然協力而立祠於中刻石以補墓上別畫其像作文以侑歲時祭祀云唐有天下兮内政不綱夷狄嫵嫚兮藩兮陸梁平原不勤兮卒滅范陽淮蔡勃奚兮諸鎮喪亡陋巷有孫兮甚賢且良志存王室兮一飯敢忘使行宣慰

兮其謀不臧餧之賊手兮肆毒虎狼余生在逆兮余死在床忠肝義膽兮其末可量惟茲有縣兮山高水長虎耳名山兮來蘇其鄉卞壺忠孝兮臣子有光兩縣一州兮百世齊芳徙容赴義兮勵以自強畏法觀望兮敢有伏藏鑱石為龜兮祠之於傍頻繁以薦兮春秋蒸嘗

重建城隍廟記

城隍所以因大立大谿而為之者國家以庇生民衛社稷自唐以來天下郡邑通祀其神凡歲之旱暵民之札瘥必禱焉守令謁見其儀在他神祠上則其禮

顧不重歟句容縣於金陵故有城隍祠之殿宇頹圮
不治邑人陳君居簡敢肅謁祠下顧瞻咨嗟無以
妥神棲致民肅虔也乃出財徵工大致取良之材以
至元丁丑十月撤故而經始之不踰年而成於時既
拓棟宇益嵯峨壯麗繚以周垣翼以修廡朝像乃嚴之
設縣冕聖冊之施視昔為有加焉爲日之力凡三千
四百有奇糜金十萬五百緡既而邑之耆舊曹文燦
高秀發張應發遂列其事請予文以記之且言陳君
真信好修家故饒于財施與之好出乎天性前時嘗
建祠之複屋曰顯應閣他如佛老之宮神廟群祠之

有廢墜不舉者咸作新之弁宜書而顯列之惟祭法
序聖王之制非法施于民或以死勤事勞定國禦大
灾捍大患不在祀典若后稷之於稷句龍之於社縣
冥之於水禹湯之勞國文武之安民是已又若伊耆
氏之八蜡抑緣情制宜凡日用所頼者皆得而祭之
用是推之於禮知祀城隍之神雖不盡出乎古而祀
之者爲宜也矧神之所以庇生民而衛社稷者尤當
書而爲之銘其詞曰金陵之濱輸江之東良常句容而
有容青天濯濯金壇森森神仙來往乎其中因山爲邑在
以惟城隍之制古所同司城之神故有宮歲時享是感

則通殿宇岌岌苦震風祈民倀倀將無從維敬甫氏施由裏大啓帑藏徵群工經營之歲未更終眼中突兀昭成功界天雪脊横長虹風雨不動山穹崇神相邑境禾黍豐元元擊壤歌時雍咨爾黎庶省厥躬報功績緒在恪恭我辭刻石是詠悰

重建達奚將軍廟記

林仲節撰

縣治之東南有達奚將軍廟其神坐中環甲執兵前侍立者四人歲久廟頹毁像飾漫漶有幅楮貼殿東楹數字可辨云梁承聖初弘讓爲國子祭酒其磨滅莫考最後云至今簷楹鳥雀不棲後至元庚辰夏五

月亢旱邑之長貳偏禱羣祠以求至廟邑長丑間公
祝曰神若有靈能降雨澤民當使廟宇一新是夜澍雨
沲汪追秋復禱晴於神又獲其應歲用以登於是耆老
陳德新紹箕等謀於衆曰在禮能禦大災則祀之能
捍大患則祀之而山川之神能興雲雨以澤民者咸
在祀典今神廟食於兹雖莫知其始然雨暘之禱各
以時應愚等慶兹土宜協力重搆以昭荅神貺且以
致辭之信於神遂乃鳩工度材因舊基而拓之深五
丈六尺廣半之中為堂三間前直兩廡外闢重門去廟
西北五十步立神道門復甃石以達於廟嚴嚴翼翼

周信炳煥始事於十月之既望訖工於臘月之朔日凡所資費皆翕比以集而神像部從則邑長貳等捐與捐俸飭之既完衆請予紀其事按達奚本蕃族蓋因達山奚水得姓魏隋間著姓西北今將軍獨以姓顯而名猶世載蔑有記之者世傳南宋時與沈羲王戰死於縣西之華墓崗又俗稱環廟之地即將軍申城雖其說未遽信然予意將軍雄武英傑生必能禦灾捍患為國捐軀故民懷思而廟祀之況歷年之久祈禱響應福澤洋溢流於無窮蓋惟神祐不厭於民是以官府之崇奉恪恭而廟宇增飭也雖然神之靈

固赫然而不可誣天其所以格之者亦惟以人之誠信相孚而已爭於是有感焉於戲吾儕膺百里之寄以牧民爲職者可不思所以盡撫字之方俾民物安阜以對越於神乎繫之以詩曰

武冠韜畧凛英資兮　兜鍪伏鉞揚旌麾兮
奮身爲國載馳驅兮　慶流衍溢民懷思兮
懷思伊何崇厥祠兮　睠此甲城神靈妥兮
林巒蔚蔚曲流漪兮　歲時報祀潔粢盛兮
佑我百里集蕃釐兮　堅珉載勒期永垂兮

重建虎耳山龍神廟記　俞希魯撰

句容山邑也其地狹其土瘠其民往往界乎兩閒為田無通渠之利職溉灌惟陂池其田少不雨輒涸彌旬則以旱為虞故雨於夏秋之交恒宜若奉漏巵沃焦釜然先是歲丁酉旱民大饑而死亡邑大夫陳侯之下車也嚬咻以救之箴石以起之民庶其有瘳矣越明年夏久不雨侯大懼召耆老問所當祀僉謂邑東有山曰虎耳山有龍神祠禱是其可侯遂齋沐往謁祠下比至室毀礙夷翦為榛蕪唯殿宇巋然僅存侯駭曰是豈揭虔妥靈之意乎神不顧享休祥弗應其不在茲乎乃告於神曰廢神之祀使民不知敬

是皆爲邑者之罪民其何辜神能賜以雨活吾民願率吾民新神之居敢或不虔翼日遂雨越數日又往禱復雨如是者六雨無不輒應歲以無歉則又告其民如告神者且曰始吾以雨禱是山神皆答我如響神不可負我當率寮寀以新是祠民聞侯言乃相謂曰我侯於神汲汲若是以我民爾侯不負神民可負侯哉於是相率退而各致其所有材委粟輸不督而集工效其藝民忘其役凡可以致崇極者靡不盡力焉始於辛丑八月成於壬寅十月爲後寢之殿若干楹廊東西序若干楹門若干像設供器以次畢舉輩

是役者邑之崇明師慧德耆老高景戴誠皆勤而能其事故侯以命之既而咸願刻石紀侯之績且著神惠邑士朱維遂以記來請文惟山林川谷丘陵能出雲為風雨見怪物皆曰神諸侯在其地祭之水旱疫癘必崇禳於諸載籍厥有恒典然則是祠之廢其可不復而忽諸侯之屬意於是非徼福淫祀而知所務矣且閔雨之切不自知其禱之之勤昔者魯侯申閔雨春秋善之以其有志於民也今陳侯出宰百里而是天哉敬神祀若此非矜卹民隱而能然乎是於法宜書也繼自今侯益推是心政是以立民是以和德馨

宣昭格于上下嘉氣充溢豐年屢臻澤及爾民蓋未艾也其於是乎何有乃書其本末如右俾歸而刻之陳侯涿郡人名俊德字克明剛毅果斷明察敏處事裕如也時縣丞貝定史顯主簿滁陽王闟典史維陽陳禮亦與力焉

重脩三聖廟記　　吳節撰

距縣治之東南一里許有三聖廟創自宋元建今數百載邑人祀之甚嚴然歷世寖久棟宇傾圮莫有能支者迨我

聖天子重光踐祚之明年己卯天官冢宰曹公致政優老暇日

行樂顧而嘆曰神依人而血食今廟貌如此神何依
乎乃捐俸金以爲之倡邑守劉侯暨丞簿以下咸協
其費庚辰二月十有七日之夜神亦顯厥靈示以幽
明感通之妙遠近聞者爲之驚悚相與鳩其所有而
樂助之於是集坊鄉士民錢以璉等市木石鳩工匠
開拓故址易而新之肇於是年七月不一載而功就
正殿三間爲架有七山門三間廊廡各二爲架各五
深廣稱之其成可謂速矣蓋由神之靈而民樂趨事
殆詩所謂鼛鼓弗勝者也然不可無文以紀其實徵
予記之按神系不聞史傳無可考或者謂其出自三

姓長姓徐次姓項又次姓翟皆梗介拔俗嚴毅剛直
而志在捍患弭災保障生民故其殁也民為立祠祀
焉切惟
國家享祀百神凡有功利及人率皆肆加爵秩以寵祀之
蓋所以為民也今神生能澤其民殁能顯其神凡禱
祈於祠下者其應如響是宜廟食于兹而永悠明祀
於無窮也况今廟制一新金璧輝映足以妥靈而起
人之潔處也耶尚期聿彰神貺庇蔭生民以俟
褒崇之加爵土之封於他日矣姑述其槩用刋於石以昭
感應使後之觀者有以知神澤民利物之實云

寺觀碑刻

崇明寺記

句容縣治在金陵之東八十里以茅氏所居之山勾曲而有容故名縣縣之崇明寺邑民祈福之都會也按郡志西晉咸寧中郡人司徒登捨宅為寺初名義和梁昭明太子嘗書其額列三十六院唐會昌間以災燬惟天王殿鍾樓得不燬焉宋太平興國中改賜今額前時天祐二年太師中書令吳王楊行密嘗夢遊勝境感孤勅世尊為説法要覺而追憶所在歷歷在目使畫而求之蓋是寺也尋聞於朝出財作大殿以

奉彌勒之像時院之葺者十有八所曰南觀音曰藥
師院曰南釋迦曰天竺曰千佛曰妙雲曰中釋迦曰
四聖曰瑞應曰彌勒曰北釋迦曰北觀音曰瑞像曰
大聖曰文殊曰經藏是巳諸院皆習瑜伽教法惟金
藏爲禪院寺有藏經相傳嘗有七人者過之儀狀甚
偉手書足經合爲一藏字畫如出一手書既不知所
往或以爲天人云天王殿鐘楼制度殊古固無恙也儀
像亦非今時造像者所可企及而彌勒之殿歷年九四
百五十餘祀棟宇圮傾殆不能支風雨矣寺之千佛院
僧守廉妙法各以其師廣菴方公善齋巳公所遺之財

倡之而邑人杜氏甫榮槩鄉鄰爲善之士咸出財佐
其費迺大致隴蜀良材以至正六年春悉撤故而新
之明年夏集事黝堊畢具規制視舊加高廣焉凡費
九四十萬緡而出諸廣庵茅齋者十之七八九矣又
明年住山永龔列其事使弃僧道山守王介吾友師
一之書来徵言顯書之予嘗得唐白樂天遺事每讀
之輙廢卷永慨而羨慕之也蓋樂天暮年使工畫者
作彌勒變相每清晨祝曰居易以宏詞登科進士及
授官二十年食祿四十年建寺兩所書經一藏造像
百軀飯僧萬餘以此殊勝之利回向之衆生云者爲漢

晉唐宋以來諸賢之留神内典者至毁形服以預僧倫捐田宅以為幢刹固不加少而忠言嘉謨效於當時文彩表於後世死生窮達不易其守而道德高於古人此樂天見稱於昔賢而其遺事則尤人之所難能也吁學士大夫之賢者必期自立固豈望其求全乎是以吾徒紛紛總總要不可以數計求其庶幾乎樂天之萬一者幾希矣蓋法道澆漓叢社衰落寄吾法者不能以律自檢膠乎利欲視僧伽藍物為巳固有漫不省施者拔田建寺所以覬乎我者何為而形服之所以異於流俗者果何所事貿貿焉惟貨是殖

致土田以来徭役公府易視烈之編氓昔之以道德為王臣之所禮者漠無聞焉然求如守廉妙法之能以師之所遺而為佛事者蓋亦寡矣矧能盡乎樂天之所事也哉亦吾法以六度萬行為入道之門而能施則又守乎六度而該萬行是知守廉妙法之能施則足以信其為道而足以激夫人貪俗者矣是用記以詔夫來者云

天王寺碑記　胡昺文撰

天王寺額自唐中和始寺初名豊樂在華山之陽後遷焠山伽藍神顯大神通環金陵百里檮水旱疾病

如響應聲靈聞於朝咸以伽藍神即毘沙門天王乃
錫今額天祐二年詔天下無額寺皆毀近如承仙通
德政仁三鄉凡九寺毀其八惟天王以額存宋至道
二年詔天祐寺存如初元符間寺敝僧法超刻志募
緣撤而新之辛勤餘十年乃成居無何宋南渡金兵
沿江火及寺殿桶水出如注泥像觀世音眼有如泣
金人駭懼火隨止建炎後僧守一葺治之惟謹未幾
而壞已隨之矣大德丁酉僧行超號物外不假衆緣
慨然傾已橐創大殿越三年佛像供設又數年創僧
堂廚舍堂後浚大井復得衆耆舊及富豪相之寶藏

經閣鐘樓西廂山門成棟宇宏嚴金壁焜煌起公又
買田千畝歲入米八百石鐘魚之響不絕包笠之來
如歸自有天王以来斯為盛矣徒僧法聞從曰述脩
建始末求記且曰開山融禪師受法茅山真觀中居
牛頭石至永徽以来負米丹陽朝往暮還八十里供
僧三百衆又念山之廢興凡四大天王著靈在唐僖
時前剙經營一葺嗣治在宋南北将分時前有田可
食且可贍徃来視開山負米時如何今趙公建造當
天下太平無事視前趙脩創時何如知恩報恩吾徒
當何如用力耶余聞其語而言曰其不昧所自而持

心堅固如此爲吾聖人之徒者可無愧矣遂爲之記

圓寂寺碑記

句容縣之西南三十有五里有山曰赤山曩時邑民之避亂者嘗棲焉群盜旁午而卒無患相謂山之神有以相我願致力於佛以報神會比丘景倫自溧陽來上元縣之香林院素聞其名相與出錢買地留之而知縣鄒惟叙助爲之請且言於府乞以紹興十一年六月詔書移故圓寂寺之額於此知府事葉公夢得許之景倫芟夷蓬藋規度庭宇功未十一而景倫卒景倫之徒道愿來主寺事而同門道忠實資助之

銖積寸累凡擅施之入一錢不私槖中通倫之世三十年而寺始成蓋有殿以嚴像設有室以安耆故舊有堂以待方來之衆寢廬齋庖各以其序而厖甓金石之用册堊髹形之飭又皆稱其事也道愿圖其寺之所在而以書來言曰此邑中耆舊之碩而先師之未能者也今幸成矣碩乞文以為記余發書按圖為之歎息夫天下之事方其勢之可以速成也孰不碩徼幸焉苟或事相齟齬而歲月不可計則釋之而去者亦多矣惟其如是故事卒不立今是縣界於兩州之間而地又僻且縣之籍初未嘗有是寺也歷年

之久向之願施者凋喪畧盡後生晚出排咲者半而道意不撓不隨獨能有成良亦勞矣故吾於此有感焉聞之其邑人道意持律嚴甚其學者詵詵奉其教不敢少犯是寺之興未易量也故以為之記圓寂本梁同泰寺治平間始賜今額云

小金山寺記　　南海牙撰

金陵地吞江淮為天下東南形勝之最去地九十餘里閭邑之埜有山隆焉而起中廓一區蔚為僧棲者昔之漏澤今之小金山寺也東睇茅山北控句容左屹仇阜右帶赤湖本郡之支輔邑句容境界若蔕

之息壞焉其小金山寺建於宋朝大觀之時在郡之西南隅草塲街千楹百礎霧絡星聯飛甍傑棟絢爛金碧鉄鳳翱翔鍾魚鏗鎗將謂可以垂休光於千萬禩而莫與匹也天運遷奇不百年卒罹兵燹烟慘瓦礫雨寒蓁莽顛頂子落落如晨星厥寺雖廢額名尚存主菴僧如恭耳濡目染盡然傷心狀經有司揭是額削菴名彰是寺也又數年僧如璧乃率其徒德行應順與歆盟興復家搘戶化銖累星積其償志願厥其湫隘圖更爽塏殿樓廊廡山門庖湢連甍竦翼獨道林頹焉因遇茂之周德嗜善好施同心贊襄乃自

募緣殫財營搆始工於至正八年十月望日越明年而訖事一恍始終聿新舊觀視前者加晨鍾暮鼓供佛飯僧綽有餘地吁亦艱哉夫寺之廢興數也教之流通法也數夲乎法法寓乎數僧念用堅人感隨應霜降鍾鳴桄動籟息千人一心萬古一理由是祝皇圖之鞏固演妙乘之悠長殆與玆山相為高下矣士人張彥高與周氏有白水之好因僧之勤請故求文於余余辭不獲遂為之記銘曰

小金山　高煥巖　僧伽梵　蔚精藍　天雨花

優鉢曇　活潑潑　契三三　金玉字　秘琅函

攝玄妙　破幽潛　日月歷　天地參

昭聖寺碑銘　王韶撰

粤惟大雄之教所以化民爲善而人心翕然樂從者果何謂歟蓋好善之心人之所同由乎主教者能闡揚以感發之耳苟非得人以闡揚則教不彰顯人不崇信而歆成立大功流傳永世也幾希此予於昭聖古刹所以興廢者見之矣句容縣治東四十五里望仙鄉龍游山舊有昭聖古刹宋進士歷官樞密進階銀青光禄大夫端明殿大學士巫公伋捐俸蓋造用資冥福請賜今額紹興間福順禪師經始於先維新

爲建乾道閣大辨才公開拓於後制度益隆傳至院
主和通普祥普祐累代相承脩理不墜是皆得人闡
揚其教者也柰何有元革命寺戹兵燹所存惟土田
僧舍而已殿堂廊廡皆爲荆榛瓦礫之塲過者徒増
慨嘆久未得人闡揚其教者也天運循環無往不復
聖朝統御以來化行天下也久民知向善也衆景泰間大檀陳
景宏氏好義樂善憫其久廢率衆詣縣請戒行端嚴
僧人住持是寺以圖興復邑宰諸城劉侯肖令僧司
慎加遴選前僧會心豫遂於緇流之中獨舉徒孫圓
澍往任燹脩之責心豫雖讓衆舉親圓澍亦不負所

舉數載間堅心苦行夙夜匪懈故檀信歸依喜施樂
捨日積月累以次脩舉外建山門為間者三後建法
堂為間者七中殿翼然高峙内塑四天王大殿屹然
獨尊内塑三世佛對建廊廡四十楹列塑羅漢五百
衆丹堊整飾金碧輝映以至僧房廚湢之屬亦類廊
廡之數皆極完美煥然一新要其成功以年論度其
費財以萬計顧此功業之大財用之繁歟惟艱哉自
非大雄之教得人闡揚曷能然乎圓澍猶以為剏業
固難守成亦不易也不托文以紀金石何以示我後
人於是命徒方琳方恂持狀拜請予衰朽懶於為文

念彼厥祖像先豫公厥師大猷隆公方外之舊且重圓澍為人有才能戒行故不辭而樂叙其事而復系之以銘俾繼圓澍之後者咸知成立之難相與維持於永久銘曰

容城之東　望仙之鎮　山曰龍游　寺曰昭聖
始於順師　成於才公　紹興鼎建　乾道益隆
和通祥祐　以嗣以續　災燬有元　寥寥誰復
適我圓澍　徃濟其顛　恢弘傑構　衍後光先
茂德豐功　宜鎸金石　勗彼來裔　是守是式
為民為

國
祈禱祝延　晨鍾暮鼓　香火萬年

玉泉寺記　謝璘撰

句曲之山有銅峯焉東連鐵甕西接金陵居萬山之中橫大江之上巍然而高欝然其秀嵐光翠色秀出天表龍盤虎踞若地湧而天成誠江南之福地祇園之真境也舊有梵刹乃玉泉菴也有泉自西北飛練而下經殿北流自東南而出若玉虹之領長川故名玉泉元季殿宇圮毁久未能復洪武丙寅姑蘇慧岩禪師飛錫至山覩茲之勝編竹為籬株茅為菴振領恢復慧岩清脩苦節行脩德重於是達官長者莫不

仰慕高風喜施樂舍積有歲月遂營大殿人天瞻仰善姓皈依惜乎功業未就而隻履西歸至宣德己酉弘慈普濟高弟百川上人至山仰法像之尊嚴覩山門之壯麗喟然嘆曰方今

聖人在上天地其仁堯舜其德凡有生之類皆囿於春風和氣之中其於吾大雄之教猶嘉維新之典得不恢弘祖道脩整禪林以闡揚宗教乎是用廣大規模開拓廊廡饌堂右東庫院附焉禪堂在西方丈近焉慧菴之塔則建山居以安妥焉新建天王大殿金壁光輝照蔭法界較之往昔煥然一新遂以額請

勅賜玉泉禪寺金書額扁天人交慶誠千載之一遇也自是佛日增輝宗門生氣正統庚申百川上人率領僧衆給授度牒還山其榮幸爲何如哉徵文刻石以永其傳蓋銅峯耆宿家世產先人所舍以衍福慶蓋佛氏之教深慈弘願上以陰翊

皇度贊化機下以攝受群迷悉歸正覺其功非淺也因以感先人之德而重上人之請既撰以文復系以詩

大江之南　有山巋然　中建梵宇　名曰玉泉

鍾山右蹠　華峯左旋　千年寶地　三世正傳

天雨瑤花　地湧金蓮　祇園真境　靈山勝緣

開拓惟誰　慧岩寔先　住持伊何　道頴猶賢
際遇金闕　皇仁如天　嘉惠宗教　福利無邊
大明一統　億萬斯年

重脩塔記　王韶撰

崇明爲句容古刹大聖爲崇明別院按大聖姓何氏號僧伽西域人也唐龍朔初來隸名於楚之行化於泗中宗迎至輦轂深加禮異太白贈以歌曰真僧法號號僧伽其名重當時如此亡後以示寂真身歸窆泗州靈跡顯揚容邑緇流向慕塑像雖肖民庶禱祈昭答如響故院以大聖目之前宋興國間竪立木塔安奉

厥像塔以大聖名焉奈歲月浸往風雨凋敝元祐癸酉始建石塔並崇香火規模壯盛制度超絕蓋出異人手相傳為魯般後言雖無稽勝跡可驗其為狀也七級飛聳八面玲瓏欻崛踴地亭盈媚空其大觀也東連鐵甕西接金陵北控長江南低茅阜至若燈燃月夕脩破暗之緣鐸振風晨警沉淪之衆磴道屈曲登者穿龍蛇之窟地位清高眺者出支撐之幽此又塔之勝槩者焉夫勝槩難具興廢靡常南宋寶祐戊午塔將損壞寺僧師嚴募衆增飭大元至順壬申塔復傾圮院主永貞化緣脩理逮我

皇明漸摩政化已久民知向善者衆正統丁巳住持崇銘院
主修正暨耆民陳圓輩憫其廢墜作倡修葺合成化
甲辰廢墜荐滋主僧本智善士曹孟寧等請命於邑
侯協力勸募以圖一新匠氏謝原興發心捨工始事
於三月十三日是日五色彩霞圍輔塔頂遠邇聚觀
莫不歎悅由是工作雲從檀施山積圓階層覆傾
圮者修葺之磚瓦木石之交固曲欄疊拱損壞者增
飭之黝堊丹漆之錯施塔頂相輪並嚴如舊簷牙響
鐸鑄繼造新上下無遺巨細畢舉雖前代累加修葺之
功未有若是完美者也訖工於十月既望度其費錢

以萬計二十有奇要其成工以日數二百有餘其用費省而成功速也若非民心向善樂於趨赴烏克然歟主僧設大會以慶落成善士徵予爲記予惟是塔也經始固本於前代修葺則資於後人非後人勤於修葺則前代之功不幾於廢墜者乎吾邑善士用心於此是可嘉也後之以世繼世修葺勿替則是塔可傳於永久亘天地而不朽矣吁莫爲於前後將何述莫爲於後前將何傳觀此益信用書爲吾邑善士勉抑將爲來者勸非徒紀歲月云

前光寺記

劉鉉撰

句容縣前光寺距縣署南十里地名南鈴剏於晉大康間而燬於宋之建炎前寺陂一旁有井二古張王廟則枕其東後光寺則踞其後兩賜弗時廟禱輒應而廟亦主於寺僧寺之遺址畝計六十蕪廢既久侵為民居者半焉紹定初邑人許概狀其情於郡邑乞復寺額端平三年郡檄僧惠元主之且任起廢之責營搆得復其舊迨今年餘三百昔之堅完者腐缺崇峻者夷頹華鮮者黷昧正統初崇聖師來主其席毅然以增葺為任而欲易陋隘為寬廣改卑陋為高明乃損已橐集衆緣遂諏日斥址鳩材僦工造實公殿

三間法堂七間未及就緒而示寂其弟子紹明既畢其勝公之徒真玘真常真圓真玠等咸克志其師祖之志就師祖之未就建正殿五間於後建輪蔵天王金剛三殿於前堂伽藍祖師於左右鍾鼓楼於東西其山門兩廡僧舍庖湢倉庫以次告成總三十三間宏模偉觀視昔有加僧設供具凡法所宜有者罔不悉備金璧髹彤絢爛溢目緇素具瞻罔不讚歎始工於正統三年春畢工於景泰七年冬真圓等以為剏業雖艱今吾徒已勉於有成繼承弗易則在後之人克守非得文以垂戒永遠不可也乃命徒玄暉走京師

請予記之大雄氏之教入中夏越千禩信嚮者彌久彌隆崇奉者愈遠愈盛自通都鉅邑遐陬裔壤而層樓傑閣廣殿深堂無不有焉何以得此於世邪蓋由其存心以愛化導以善者也人之仁天之元而繼夫一陰一陽者焉生生不息流動充滿貫古今而為一彼此而無間釋氏之教其亦有見於斯而能開人心固有之天去外物迷役之累以成陰翊之功所以我

朝

列聖皆信嚮而崇奉之與億萬斯年永永無極者宜其然也

自今以往真圓等其勿以就土木人天小善有漏之

因以自足尚惟闡夫真乘之道上以祝釐於國下以開導群生俾大千之世有知覺者咸登正覺夫然將致兹寺與天地同其悠久奚止於甲乙之傳後之繼代不休而已哉

青元觀碑記

道冠兩儀之先名絶萬物之始者固言語所不得辯稱謂所莫能筌也云何以文字述云何以金石傳故其遂休也則日月空照遂嘿也則生人長昏是故出闡導以兩卷将升摛其五文令懷靈抱識之士知杳冥之有精焉自時厥後奕代間出雲篆龍章之牒炳發於林岫環辭麗氣之旨藻蔚於庭筵可以垂軌範著謡誦者迄於茲辰昔在中葉甘左見駭於魏王象奉擅奇於吴主至於葛仙公之才英俊豪邁蓋其尤彰彰著矣公于時雖歷遊名嶽多居此嶺乃非洞府

而踞中州東視則連峯入海南眺則重嶂切雲西
臨江滸北接騶驪斯潛顯之奧區出處之関津半尋
石井日汲莫測其源三足白鹿百齡不異其質精靈
之所弗渝神祇之所司衛麻衣史宗之儔栖托
後有孫慰祖亦嗣居彌歲山陰潘洪字文潤少秉道
性志力剛明前往餘姚四明隩國爲立觀直上百里
榛途險絶迷識有用爲物情所懷天監四年郡邑豪
舊遂相率與山制不由巳以此山在五縣衝要舍而
留止于茲十有五載將欲移憇壇上先有一空碑久
巳摧倒洪意以爲蔭其樹者尚愛其枝況仙公真聖

之遺蹤而可遂淪乎乃復新建石碑於其所額勒名迹以永傳隱居不遠千里寓斯石而鑴之仙公姓葛諱玄字孝先丹陽句容都鄉吉陽里人也本屬瑯琊後漢驃騎童侯盧讓國於弟來居此土七代祖艾即驃騎之弟襲封童侯祖矩安平太守黄門郎從祖彌豫章等五郡太守父焉字德閏儒州主簿山陰令散騎常侍大尚書代載英哲族冠吳史公幼負奇操超絶倫黨神挺標峻精輝卓逸墳典不學而知道術繞聞汜了非復軌儀所範思識所該特以域之情理之外置之言象之表而已吳初左元放自洛而來授公白

虎七変爐火九丹於是五通具足化遯無方孫權雖
素貴仙異而内懷猜害翻葵之徒皆被挫斥敬憚仙
公動相資禀公馳涉川嶽龍虎衞從長山盖竹尤多
去来天台蘭風是為遊憩時還京邑視人如戲詭譎
倜儻縱倒河山雖投危履墜叱石羊起蔑以加矣于
時有人漂海隨風眇瀰無垠忽値神島見人授書一
函題曰寄葛仙公令歸達之由是舉世翕然號為仙
公故抱朴著書亦云吾從祖仙公乃抱朴三代祖也
俗中經傳所談云已被太極銓授居左仙公之位如
自誥并葛氏舊譜則事未符恐教迹參差適時歷説

猶如執戟待陛豈謂三摘靈桃徒見接神役鬼安知
止在散躰一以權道推之無所復論其同異矣仙公
赤烏七年太歲甲子八月十五日平旦昇仙長往不
返恒與郭聲子等相隨久當授任玄都祇秩天爵佐
命四輔理察人祇瞻望舊鄉能無纍纍之嘆顧盼
後學庶垂汲引之慈敢藉邦族末班仰述真仙遺則
云詩曰九垓曼絕七度虛懸分空置境聚氣構天物
滋數後化起像前命隨形轉神寄葉傳霜野松長竹
栢翠微泉墀共往皷羨獨歸生因事攝年以學祈如
金在冶如帛在機仙公珪璧臨鄙發頴襄童兆迹碩

儒聯影濯質綺闈凝心黛嶺虎亦變色攄龍輀遂騁謁
来台霍偃蹇蘭穹碧壇自肅玉水不窮巡芳沭道懷
古惻裛表巖峻碣永扇高風

元符宫記

崇寧五年秋有司言茅山元符萬寧宫成有詔臣卞
爲之記臣卞拜首稽首而獻文曰德莫崇於尊道業
莫大於昭功臣伏覩皇帝自踐祚以来苑囿之觀無
所增餙外物之玩無足以累其志者而深觀化原探索
道妙湣然無爲以御群有心既得此矣且曰道之所
在聖人尊之是故山林之士窮莫之濵槩嘗有聞於

是者必有以寵嘉之况其上者乎夙興夜寐因任原
省以昭前人之光凡事之未就雖其小者必緝熙之
盖所謂尊道而昭功可謂至矣而斯功之成二美并
焉將以昭後世而垂無窮臣以是而受命不敢辞也
謹按金陵句曲山在西漢時有真人居焉抱神以静
超然遺物仙聖降而與之言以登雲天推其餘緒以化
二季亦以仙去是為三茅君而世因號曰茅山自時
厥後光景之異雲鶴之祥笙簫之響震見于山椒者
歲嘗有之而方外之士慕道聞風而來者亦莫可勝
数熈寧初常州道士劉混康者始誅茅結庵于山之

積金峯其始至也拾橡栗以爲食焚栢實以爲香久而甘之不厭於是人稍信異而往負薪裹糧以給之先生躬有妙行而濟之以常善救物之心每以上清符水療治衆病服之輒應由是遠近輻輳而先生之名益著矣哲宗召至京師燕見便殿賜號洞元通妙太師且命即其故居易而新之會改元元符因號其處曰元符觀先生屢辭歸許之然終哲宗世元符觀猶未訖功皇帝二年秋遣中貴逮召先生來朝且詔守臣監司委曲敦諭聽其有所辭先生至自茅山入對久之語有以當上心者他日訪以三茅君事具奏

所聞乃詔加錫茅君號而即山構殿以禮祠焉先生又請建皇帝本命殿宇東南隅長生地從之於是鍾有楼經有閣歲度人有数日給衆有田而宫之衆事畢具矣仍降詔以爲葆真觀妙冲和先生而度其弟子爲道士者十餘人其上皆錫紫衣師名以寵之所以尊禮之甚至先生再謁還故山皇帝又爲書道藏經数卷及親畫老子像賜之以榮其歸宫將成御題其榜曰元符萬寧宫雲漢之章下賁巖谷是將有神物守護垂之億年與道無極也且以謂是宫經始於元符而落成於今故因其舊名而增之以彰繼志述

事之責曆聖相承紛隆真風所謂一宮之成而二美并焉者此也臣既序其事使後世得以覽觀而又係之以詩其詞曰猗嗟三茅得自初成氣合於無與形俱來純乎其風必淨必清廖廖久哉乃發先生帝用尊之載召來廷乃親其人燕見妙語乃錫命書追其儔侶曰其故廬啓此新宇像畫仙真上肖帝所神筆勝之龍鳳軒翥天錫皇帝聰明孝友純一用中以綏九有遐邇率從尊道熙功有欲求之與在斯宮作為好歌以詔無窮

崇禧宮碑記

王去疾撰

華陽洞天自三茅君以神道設教聯人神士不可攀接者代有其人歷考其間惟隱居陶真人立館以處高弟所以啓佑其後人者爲最盛今之崇禧觀隱居曲林館也唐貞觀間太宗以昇真王真人有潛藩之舊且常師事隱居遂建太平觀以居之賜山與田贍其學者食錢餔粟用給所轄宮觀十有二宋政和三年始分田以給之使自養其弟子具載山志宋改太平觀爲崇禧揭虔妥靈有威無斁式克至於今日廣殿脩廊宏宏巘巘榱題牖楯之飾幡華香火之供千餘年間其崇奉未有如此之盛者也於皇三君威神

在天陰隲默相華陽道泒如洙泗源世有升降道無升降時有顯晦道無顯晦陶真人之於三君也神交泬寥之上王真人之於隱居也心授問荅之間縣縣延延往過來續千載如一日皇元肇興天兵南渡神明所扶壇宇如故心遠鄒君道元若造物者擬其人為時而出叫閶闔於九天之上上方偃武脩文以清静為壇以慈儉為宇垂意玄敎命鄒君道元掌敎事盡護諸山厥後東澗洪君宗源復陽楊君元獻碧泉蔡君德溥繼繼承承用保有累朝之寵命皇慶初元春南隖陳君志漸入覲上覲天光於清都紫微之

聞承九重之殊渥荷真人之美名上賜金襴道衣以
為身章延祐四年秋南隖君私竊自念崇禧道場自
昔總轄諸山實為上帝垂休儲祉之所不有以表章
之何名有尊乞陞崇禧為宮白之集賢諸公以其事
聞于朝嗣歲陞辭還山上使降香以榮其歸延祐六
年八月二十二日玉音自天而下賜號曰崇禧萬壽
宮玄敎大宗師上卿大真人張公嗣師掌敎真人吳
公與有功焉是日也榮光異氣上燭層霄崇山峻嶺
咸有矜色直、人東志新率羽士稽手拜首於道之左
對揚休命曰明天子萬壽萬年實與大元司命君自

混沌溟涬開闢之始赤明龍漢浩劫之前俱以顯力裁成輔相以左右民雖今昔殊時幽顯異迹其受命於皇皇后帝則異時而同符也於戲休哉既而冠巾之衆如出一口而祝之曰陳真人自隱居陶真人立館以來既嘗為太平觀矣又嘗為崇禧觀矣上賜今額甚盛舉也明日秉國史之筆者繫年繫月繫日大書之曰改觀為宮自真人陳志新始其皇恩如天將何以報塞耶惟我真人在帝左右必敬必恭夙夜以思㣲成玄功庶其有以答君師寵綏之逝而真人亦有無窮之聞真人曰三君之靈也吾皇之賜也臣

何力之有焉敢不敬恭以從祝規延祐七年夏四月南臨君俾去疾紀其事以傳方來去疾謂必有山玄鄉其人而後爲斯宮銘章野之文何足以紀盛事辭不獲命乃舉前說爲之記而又薰沐係之以詩曰自有宇宙有此七山開山者誰高辛氏耿耿祕哉太元君天之輔相民怙恃曲林舊館陶眞人潛德幽光發乎花山畐飛上天皇家雲漢公章來萬里煌煌崇檀萬壽宮臣扁鳶飛羲敵字鳳歌鶴舞鍔鈞韶山川鬼神共懽喜物不疵癘年穀豐乾坤清夷風日美皇帝怡愉奉太皇萬年億載自今始

重脩三清殿記

王直撰

三茅山崇禧萬壽宮重脩三清殿成道録司右正一湯公希文以其成之不易也偕其徒華陽副靈官燕本宮住持丁典明具事之本末來求予文以刻諸碑三茅山者古勾曲也姤仙經所載洞天三十六而勾曲居第八曰華陽洞天福地七十二而金陵地肺而福地為之首則勾曲之山信天下之靈境也漢茅君兄弟成道於此而山遂以茅姓顯晉隋梁唐以來茅君之道益彰徹大行嗣而傳者彌衆歷世相承館宇鱗次凡十有二而曲林館為宋梁陶弘景居之其清德

紀行高風絶俗當時敬禮焉至唐其高第弟子王知遠者妙契玄理道德崇高識太宗於龍潛時由是深加眷奬賜所居額曰太平觀而改創焉累代因之益加崇飾宋之時有朱自英宗師者至道妙用感則必通爲章聖皇帝祈嗣獲靈驗復改太平爲崇禧迄宋之世致禮不衰元祐間特進上卿玄教大宗師崇文弘道真人吴全節以崇禧觀神明之妙聞於上詔賜號曰崇禧萬壽宫凡以祈祀必福國裕民遂至是宫室之盛蔚然爲神仙之居他莫之能及重紀至元丙子歲主者弗戒燬焉於是高棟廣宇峻級崇臺皆化

剃榛瓦礫之墟蓋百二十年矣興弊起廢莫有少槩于心者湯公初為靈官于茲雅有志興復然以前代治此宮皆本於朝廷而有司任之故極其盛如此今草衣木食之流而歆興是役豈非難哉然不可不勉乃盡出其貲以舉事而首命陶爲瓦甓二十萬有奇其他財用亦次第營辦會有言公道行峻潔宜在師表之地詔徵佐道錄司與典教事而志未克遂與明實受教於公夙夜祇懼思有以成公志乃白其事於冢宰曹公子宜真人邵公以正曹公句容人知崇禮事為詳邵公亦掌道教事聞其言而嘉之皆助白金

百兩凡好道樂施之士各以多寡助焉遣弟子丁玉輝市材於姑蘇至毘陵筏重水澁不得上衆患之忽水盛長風大發一夕飄筏至山之西陽橋下人皆以為神助云乃集群工度衆材脩短巨細各中程度莫不備足工善材良並手偕作經始於正統十四年十一月二十日而以景泰四年秋九月正殿成以間計者七以高計者六十六尺以廣計者九十六尺而金碧暉映蓋不減於昔無愧奉三清之尊於其中香花鍾鼓朝夕嚴事山川之靈悉有喜氣雲霞發色草木競秀人亦莫不稱其能夫天下之事以得人為本苟

得其人則雖難而成不然則事易亦未有能興起者殿之廢久矣遠近之人智足以有謀勇足以有為而富者足以給其費然足至于今豈非必得人而後能有立歟三清者道教之所尊也居之而闡祀焉蓋立教之本崇道之基也然則湯公與其徒之建立如此則道之隆教之昌將不與古昔並美乎公年益高而德益茂虛靜專一澹然自守與明聰悟秀儁敏於求道而繼志述事為尤篤觀此可見是不可無文以傳於後世使知其成之難而相與維持於永久故為書其事而係以銘詩俾刻焉銘曰句曲之山巋奇形洞

天福地自古稱崔嵬秀拔開翠屏盤摩日月揚光
精茅君上仙駕雲軿玄化顯赫徵庶民瓊宮玉宇高
峥嶸晉宋梁唐及宋興詔賜華牓增寵榮崇禧萬
壽元與名一夕不戒遺榛荆毅然起廢人鮮能
皇明運泰道乃亨維兹湯公秉一誠勤苦人特殊堅貞經始
未就來神京嗣師清脩曰與明夙夜不懈思繼承守
玄真人天官卿揮金捐幣衆與并三清之殿欻告成
元氣混合神所營攂鍾考鼓轟雷霆君來列侍擁萬
靈虹旆霧蓋霓爲旌奇氣異靄充紫庭下憫俗世
勞其生錫以祉福流後人疵癘不作皆底寧百穀蕃

庶歲屢登薛飽鼓腹歌太平丕昭神貺弘厥聲穹
深刻載我銘揚輝耀美三千齡

重脩青元觀記

林瑱撰

句曲青元觀吳時葛仙公之故宅其丹井存焉創於梁天監七年觀距縣治之南僅百步許平衍廣曠勝槩可尚其院有四曰紫微曰北極曰三官曰東嶽而實統于一觀也凡邑民年穀之祈水旱扎瘥之禱咸於是紓虔而妥靈焉宋皇祐二年觀主胡子真重建而新之熙寧十年邑宰袁文林重修其殿宇淳祐戊申住持張守淳法堂始建之咸寧乙丑殿廊山門一一

而就緒焉因革始末俱載名公舊記茲不復贅至
國朝正統丙午歲二百年而殿宇摧壞山門傾頽東廡不
支於風雨西廡已厄於回祿而齋房皆無可居處而
脩創之功亦已難矣道會朱榮先語徒衆經永常曰
觀宇奉真仙之所興廢實主觀之責耑於是不募緣
而修則梁顛棟欹真仙將何所棲我輩將奚居哉時
邑幕金侯適臨于觀敬白之即重諾遂叶募緣因
舊而葺之經始於正統辛酉落成戊辰年十二月至
於各院及齋居悉重新焉規模壯觀丹飾照耀煥然
一新視舊殊勝榮先曰其考成徵予記予惟仙翁捨

宅為觀其心之誠以奉真仙何其至哉然創建修葺之勞心與財力各半也吾見榮先師徒每天初明冒風雨霜雪以求材木焉以煩役作焉或撤柴或編作或輦土操鏝皆以身親之而不為病粗衣糲食與斧者鋸者畚鍤者同作息人皆見劬且勞也惟如是官喜捐俸而無吝色民樂趨事而無怠容方其未成如大吝恨及其既成如弛重負得非財力與心力各半乎噫以今修創之難而致成功之易仙翁於冥冥之中必默有以相榮先師徒之誠其如在之靈歷數百載猶一日矣適修創鼎新之初

聖天子勅命

賜道經一藏永充供養觀宇生輝道顏歡忭天道報應
捷於影響昭如也榮先族出臨泉永常族係上容曰
其請故用書其事以示來者俾事之於無窮云

白雲觀碑記

戴溪撰

句曲江左名山洞天福地以茅君隱而仙是稱茅山
有積金峯當西一面積金之支轉而特起者白雲之
峯也道俗相傳嘗見其草木後凋煙霞在望然東西
兩山靈宮閟宇各奠所宜茲曠弗卜顧有待耶紹興
中華陽道士王景溫披荆棘鑿岩崖室宇峯之下

俄以行志脩潔聞乃即其居錫崇福觀額暨白金左
田饒益之俾底其成於是甓甃壇塲斑像設有門昻圻峙
有亭翬飛堂皇深窈廊廡袤延重樓傑閣雲層巍峩
前闢端途松杉行列如蓋如幢有赤山湖軒豁面勢
重岡秀峦左睨右顧欝欝杳杳聨帶清深而居而游
如脫紛拏如蹈仙墟中間方壺丈室上親灑翰揭以
虛靜與夫紹興以來四朝錫予寶鎮泉石人間世事
待有大福德力作興風雲會合殊勝然後底乃績今
既徙居之恩有以稱亦反其初而已大林丘山之善
於人也亦神者弗勝然而道者托焉昔之為道術者

棄絶之乎名勢利欲精專之乎身心性命惟恐入焉
不深且密也待其行成一朝蜕去人方競競然持其
所棄迹其所蜕以栟櫚其隱約鐘鼓其沉潛影響其
清風素節而冀得其人如初乃亦甘心焉豢其養户
其居美其衣食寢處如世俗轉徙為名勢利欲所愚
而道術安在是山不特茅隱二許楊陶之遺地不啟
址往往蓬户桑樞霞飡柏食托於人之所不堪顧自
有丹臺絳宮抱玉懷珠在開白雲者必不專以外境
遺子孫也溪之從子延往来山中人境俱熟道士周
觀復景温髙弟求記其師之功緒甚力乃俾延序次

其見聞曰附見吾説觀復持歸告語其徒庶有警焉

以復其初嘉定四年九月望日記

崇壽觀記　　虞集撰

大茅峯之下當華陽南洞之便門有崇壽觀者本晉洞天館主任敦故宅宋元嘉十一年路太后始建壇宇太始中廬陵太守孔嗣之重立以奉曲阿高士華文賢齊建元二年敕句容王文清仍立而主之名崇元館武帝以太子時至焉唐貞觀初敕改爲崇元觀有太極元年所樹碑石完而文泯可識者左拾遺孫處玄文楊幽經書數字而已天寶七年李玄靜先生

奉勑重修復民百家備修葺寶曆三年主者有賀恩
寶則曰器物銘識而考見者也宋大中祥符七年勑
賜今名大元至治二年句曲外史張君嗣真始來主
之顧瞻方臺近對南面左峯疊玉右引大茅之支而
回合焉定錄君嘗言大茅山下有泉水近水口處可
立靜舍陶隱居云近南大洞口有好流水而多石少
出便平比有王文清居之則此觀是矣乃嘆曰山中
館宇自齊梁唐宋至於今代有增益求諸晉人之舊
惟此與王晨許長史宅耳而吾所治乃傾廢隘陋特
甚豈不在我耶於是度材鳩工更後堂為太元殿以

復舊規象三茅君於中東爲任華王李賀五君西爲陶隱居祠玄前殿基爲弘道壇自製銘其上壇東爲玄武祠西爲廣惠祠後爲文賢講堂而前爲都門、、外浚古玉津池盡受大茅南面諸原之水循池西南得昭明太子讀書臺、、東有井曰福鄉井福鄉者曰昭明道館名也出諸榛莽著文刻石覆之以亭而岩洞泉石之勝近在百步間者皆按圖表之可以觀覽泰定元年上清四十五代宗師劉君大彬朝京師援予始末俾爲之次第焉張君吴郡人名天雨內名嗣真字伯雨别号真居年二十棄家入道徧遊天台括蒼諸名山吳人周大静先爲許宗師弟子得楊許遺書張君湜而以爲師悉受其說嘗湜開元王君受衍入朝被璽書賜驛傳顯受教門擢任非其志也即自揞不希榮進因湜三茅之招追奉任君而下五君爲文而告之願畢力兹宇所著外史山世集三卷碧岩玄會録二卷又尋山志十五卷考索極精博云嗚呼自任君始居此餘数百年才五人傳焉其自致於久遠者果何托也豈若後世各誘門人系以私屬如家人父子者哉故寧希闊而有待今張君冠前代錫予之助徒單衣木食以營此而曠然思與四方之士

共為千載之期豈非豁丈夫也哉予故與君爲方外
交竒其能先予遠舉也故系之詩曰大茅南畨元氣
積陰関闔扉陽洞闢曲穴流泉保靈宅任君米餌黃
赤石天一名錫太元冊曲阿受養良右宅講宮方嚴
自王伯清躡臨止靈響格虛林森爽化赫奕福鄉帝
子發甘液不食何年夜遺聲白雲睽空玉清客開元
全盛煩白役持節旁午致纏辟爾来蕭條世代隔石
鐙刻文土漫畫誰其啓之規古昔句曲外史美冠舄
研書千卷視貞白天真景隨玄系繹玉室金堂萬無
斁

句容縣志卷之十一

儒學訓導浮梁程文仲昭纂輯
致仕同知邑人王韶思舜校正

文章類

節孝傳記

吳郡孝子張常洧廬墓記　李栝撰

人與天地同有孝與父母偕生道德失而稱仁哀慕結而滅性於是先王立中制三年通喪人倫以達然孝子之心感逐時并戚隨身盡句容張常洧哀親之不逐將已以爲殉鄉閭惧法孝子違心長號天高侍

宿墳側歳移六次人無二行柴骨杖起蓬頭鬅垂非
禮教之所知非名實之相與誠至孝之所致而至於
斯也余執事之日耆老趙茂等共舉之愴然感懷因
自俯慰申州上請以表門閭州司慮其矯情異衆飾
哀求顯事留精詳時多求歎国体不以殊行立法故
旌善以激俗史館編集傳記領令搜揚今年八月觀
察使御史丞王公録上尚書省明詔未及幽魂已慶
唯此孝子行實難故余記之

吳郡張常洧紀孝行銘　　高學撰

君名常洧字巨川句曲人也其先奕世載德賜姓受

氏詳乎家牒炳乎国史矣在昔宣王時則有若張仲孝友周人美之列于風雅在悼公時則有若張老佐晋国之圖擅魏氏之急魯史嘉之編于載册高祖伯卿曾祖元紹並怡情典墳抗志不仕祖處靜皇湖州烏程縣令考瑋皇建州司戶君即建州之第四子也幼而聰明長而岐嶷窮百行之源事父母以孝稟五常之性奉親族以和及父母既沒苦憂泣血柴毁骨立躬自建塚高數尋手植竒樹盈千餘本然志戀墳塋將終身洒掃雖喪紀踰制而靡釋衰絰乃葺結庵庐居于墓次哀慟行路感通神明白鶴翔於林中靈

芝生於墓側鄉黨稱其孝郡邑嘉其行録表上聞優
詔允咨復其邑役旌其倚廬三紀于兹情哀罔極君
甞疾困殆不勝喪勺飯不入口者累日矣其兄常泳
勸令飯食固辭不從兄謂之曰有疾飲酒食肉在禮
自有明文蓋無以死傷生也今汝異居幽荒之際而
即安於疾殆至滅性又焉得為孝乎乃曰吾負終身
之憂匪唯一日之戚且吾有兄不患死之將至兄有
子不患祀之將乏身既不賴其生口豈復食其味乎
君子曰甚哉張氏弟兄孝之大者也非令弟無以知
兄之賢非仁兄無以成弟之美所及其遠哉上以彰

聖朝孝理之至中以表牧宰奉化之極下以明張君錫類之永此一行也而三善成焉孚雖庸愚備知盛美竊以寵錫之命雖行於門閭紀述之詞曾未標於篆刻敢直書其事識之貞石焉銘曰

天錫嘉命　保祐我唐　篤生張君　令名是揚
令名伊何　純孝克彰　終身在戚　執親之喪
獨居幽荒　廬墓之側　喪制既踰　哀情罔極
衰絰弗離　甘旨靡食　疾苦嬰身　志行不忒
即彼高墳　巍然如崗　草木呈瑞　鸞鶴表祥
孝感之至　達于聖皇　詔命旌表　殊其井疆

勒名紀行　于門之傍　千秋萬祀　斯風不忘

旌表孝子碑贊　　承瓌撰

昔原涉廬于墓三載人至於今稱之況吴郡張生父母繼殁匍匐墳土寢苫枕塊屏絶人事凡三十六年號泣終身故至性感神精誠動天靈芝繼生嘉祥協至鄉里仰其道很戾者為之恭恪悖慢者為之孝慈郡縣以聞於是天子寵以旌表當代著之歌謡又太和六年姪孫公珽繼亦廬于墓時職留務於金陵日御史譚公為清時名士深用褒曰張家至孝已傳三世可華人俗変諸鄉閭不匱之羙萃於張氏矣而張

氏世傳儒業家惟四壁大唐之璽書文人之麗藻雖傳諸子孫而未寘于金石會其諸兄之孫日琢以經學著名少游大學居十年有貞介之行有恭懿之德事親愛以順交朋友以信郡帥知之辟主印真寧糾逖強敵綏懷孤弱真寧有單父武城之化皆九載秩滿歸鄉經先人之舊廬悼感事之未樹喟然嘆息霈然涕泗乃出琴書車馬以鬻焉取其資結葺廊廡芟夷榛荆咸取勑書刻于堅石使永不泯夫建邦立家唯忠與孝有一於此宜乎不朽君斯舉也上宣吾君之命下顯爾祖之命盡善盡美矣賛曰

天經地義　其惟孝焉　六順之始　百行之先
掊人斯難　爾祖有旃　土闢徒立　荆榛湍阡
永錫之道　將墜厥傳　中心感此　深用惘然
乃紀堅石　是昭是宣　豐碑既樹　厥美綿綿
俾其不朽　永賁荒埏

旌表樊淵孝廉碑記

江南被兵之初句容樊淵奉母適于茅山邏卒所獲母不行將加以刃淵年十有七抱母號哭願以身代死卒矜其情各截其鬚縱之一時痛切哀籲方寸亂矣蓋不自知其然而然竟能感動暴悍得全其生此

與漢江革負母逃難遇寇不忍殺之之事同革之歸
里也號巨孝而渊亦為鄉隣所推致憲府擢用三十有九年而受公
朝旌表子容建康聞之曰渊世為儒家自幼勉學其
父先亡事母惟謹既免於難終養益虔後以儒貢從
事憲府獨清於衆濁之中皭然不滓方欲迎養而母
不待居喪哀毀憲副廉公最相知促還職至再三四
弗應令服闋憲使傳公亦相知召為掾至再三四又
弗應令歲時展省于墓春秋薦奠于家夕饋食于室
一如親之生存時鄉隣述其孝廉之行告邑邑聞於
郡郡聞於司憲轉聞行省鄉邑鄰郡暨憲府尊官親

至覈實衆口交譽僉翕然無異辭遂以上聞及旌表命
下廉公時以浙東憲使任渊私居渊往見公喜曰昔
吾家也廉錫姓今汝家以孝廉旌門乃爲大書旌表
孝廉樊氏之門八字歸揭於門閭過者歎慕焉渊毋
既殁十有五年仕於浙西憲府歷三朞又十年仕於
廣東憲府歷一朞選主廣州清遠縣簿鄉隣耆老咸
曰句容蕞尒爲邑舊隷潤州唐建中四年太守樊泌
舉孝子張常洧賜旌表碑志俱存六百年後有樊氏
繼其美亦此邑山川風氣之所泄也宜勒碑以光渊
來徵予文予謂仁義人心所固有孝本乎仁廉本乎

義士大夫分內事爾教弛俗偷而孝廉爲卓行至有闔郡無一人可薦者斯惟艱哉漢吳祐言掾以愛親受汙彼爲孝而辭其廉祐且賢之則孝而廉者尤難也貽父毋令名不貽父母羞辱事親立身之二者其惟孝與廉者乎樊淵爲子而孝爲吏而廉今又爲民之父毋仁於人義於已必將大有可稱者書其美庶幾可以示勸於方來淵字浩翁作詩得詩人興味蓋有行實又有文采云

石氏節婦傳　趙仲衡撰

石氏名志貞世家潤州之丹陽故宋曼卿後人也乍

二十四歸為句容朱君約之婦迨事其姑唐盛年早寡凜有志操事舅姑若事父母處娣姒無閒言怡如也石氏柔清婉孅奉上撫下一如其姑歸朱氏甫一歲而夫遘疾手足偏廢莫能衣食之節起居之適藥石之奉必侍人為之乃克無爽石氏晨夕視養惟勤未嘗少懈者三四年夫之疾不可愈竟以此終石氏持喪麻衰戚甚時年二十又八且無子惟以其夫未死時抱其弟稚褓兒為之子石氏撫育如所生終無他志今其子長孫有矣石氏年且耆艾安逸壽考豈非天乎其子名近能幹蠱孫男孫女二人於戲人惟

其不幸也而後名立焉臣之忠子之孝婦之節其皆不幸矣乎然而綱常之道恒待是扶植焉而弗亡者亦天地之常也而人鮮能之夫柔莫婦人若也不幸而寡尤不幸而寡乎方其抱他人襁褓兒豈逆計其成立而爲吾所倚賴耶當是時其有不怵於利害而二三其心者亦罕矣若石氏者其可少哉其可少哉

曺孝婦傳　　金鼎撰

句容曺孝婦經氏爲處士均昂之妻今翰林編修義之母經爲句容大姓孝婦年方十餘歲值元季搶攘其父母旣爲之擇對於均昂延送之育於曺氏舅姑

舅姑咸喜其孝敬稱之如子年及笄方合巹禮孝婦
温厚貞静相處士克盡婦道姑恒有疾躬自扶持夙
夕不離其側調甘腝製衣服必惓惓盡心極其豐美
惟恐不慊舅姑意而自奉甚薄處士在兄弟中最居
幼至正己亥歲大饑家日以窶諸兄皆有私蓄至是
分產異居族人或憐處士獨無囊橐而不與諸兄較
是也厚薄有時而竭懿親不可隳也况姑年老一有
較論姑心不自安矣處士以孝婦之言為中理其姑
語諸族人曰吾幼婦能孝事我我依之終老無憂矣
孝婦躬任紡績之勞以助衣食之費或至中夜不寐

姑憐之勸其少休孝婦曰吾分内事也族人咸稱其
勤儉而盡孝或見有悖戾者則或戒之曰汝盍效經
氏之為婦乎其姑臨終呼孝婦謂曰汝之後必如孝
婦居　喪哀毁骨立雖服除而痛慕之情不衰年方
五十有八遽以疾卒族人哀之咸曰孝婦不獲壽考
天道茫昧耶子男五人寧實華琛皆能孝事其父篤
友于之誼義其季也能績學以取科第授今官在京
師與予為隣室因得聞孝婦之行頗詳義嘗告予曰
先母棄背已廿載吾父年已八十有四平居嘗以先
母之孝行語我兄弟未嘗不流涕也於是書其槩以

為曹孝婦傳

陳節婦傳　　劉以常撰

節之文從竹從即會意而諧聲也作易者觀水澤之象而節之名立歲時之運草木之關莫不以節著獨於人而得其節之大全故士之徇義忘身者曰節士婦之守志持身者曰節婦噫節之所以重於人紀者如此京口魏及文氏厥姊魏氏有懿德作配句容望仙鄉陳氏家子生男三曰珏七歲曰瑜四歲曰珪遺腹而生幼無父咸呱呱魏氏時年二十七奄失所夫嫠居四十一年克自超卓特立於流俗之表斷斷然

不易其志皎皎然不汚其行撫育諸孤克亢厥宗以
承宗祧厥志立矣厥行成矣其為綱常重而有功於
人紀者屢矣邑之父老咸嘉其苦節有司申請于
朝覈實得旌表其門閭鄉里榮之儒林之英為文以揄揚
之復徵予言傳其後以褒顯之余嘗以為大山長谷
之間窮閻陋街之下潛名隱德羈栖歷落處于閨闈
困于蓬蓽杵臼絡炊紡績營業惸子自修劬瘁自守
弗克振起而卒於泯沒無傳其不幸也可勝道哉今
陳婦賴有賢子得以名聞　寵被
恩渥光榮宗族何其幸也故鄉人無少長咸稱之曰節婦

云論曰人皆謂節婦名家女陳氏聘以為家婦自幼居父母旁閫之故其見義明持操於嫠居煢煢繈褓其子以自給無毫髮怨懟意於戚世有壯子猶不足恃者而況幼孤又足恃乎世有饒於貲者且不能給況一弱婦乎今三子以詩書榮勵底于成立若節婦豈惟世之為人妻者愧之節婦其可謂無愧於彝倫也已

譚氏節婦傳

張諫撰

節婦姓王氏諱守貞世為句容鉅族其父敬以行誼重於鄉節婦幼聰慧知礼義恒以貞靜自持不妄言

笑閑女紅不假姆教而自精年二十父母爲相攸遂以歸同里士人譚讓可禮克盡婦道族黨稱之未六載可札卒節婦誓不他適或憐其早寡無子微諷之改適節婦嘆且泣曰男子以事親爲孝女子以從一爲節吾夫爲人子不幸不得終二親養吾爲人婦復不能守節以終養將何以立於世而見吾夫於地下乎吾所以忍死者以有舅姑在也矧亡夫一弟尚在襁褓苟吾足一踐異姓之門則老者何所仰以養幼者何所恃以立乎遂峻絕之聞者悲其辭而壯其志節婦慮夫弟遂孤弱恐未足以充厥宗復勒其內姪

禧以爲遜援時禧亦方晬節婦辛勤鞠拊俱有成立乃曰吾夫之宗庚不爲若敖氏鬼矣節婦性儉素不事華飾躬勤蠶績以供贍舅姑撫夫之弟與所育之子竝加恩愛無偏私舅年八十四姑年七十三先後俱以壽考終節婦治喪葬祭無遺禮人咸以爲丈夫所不逮孀居垂五十年壽逾七袠氷霜之操凜然如一日里之婦女有不幸者必以爲法曰愼無媿於譚節婦其於風化亦大有補焉予與譚氏家世有相連者知節婦之行甚悉恐久而湮沒無聞特爲述其槩使後之續列女傳者有所採擇焉論曰女婦之從夫

守一而已故夫死稱未亡人豈有再醮之義嗚呼世降俗漓士大夫喪其良心者有焉况婦人乎衛有七子其母猶不安其室今節婦少而早寡且乏嗣而能不虧其行養親立後克盡孝慈俾譚氏家世不墜邪賢而有節者能之歟然則享以眉壽迪以景福亦天道之有徵也

戎孝子傳　　凌傅撰

孝子名憲字廷相吾邑世醫戎掐孟賢子也讀書明理義克承舊業人有疾必盡乃心未嘗擇貧富以求報自幼喪母事父至孝衣食奉養旦夕定省不違於

禮疾則憂形於色親嘗湯藥屢得以瘳至景泰乙亥
夏六月暑雨愆伏父患滯下殆不可爲憲愴惶失措
呼天而泣曰不孝子不幸早失恃恨莫報昊天之恩
今吾父復臥此疾萬一不起憲何獨存於天地間耶
遂刲左股肉和粥以進父食之疾不旬日而愈鄉里
無不嘆賞學諭曹公永年賛之曰父母天地心天地
極高遠俯仰無垠閒一理自明顯偉哉戎孝子知孝
常自勉厥父遘乃疾愴惶徒奔跣哀號告皇天割股
調親膳食之即能愈壽高福綿衍此心通神明民彝
盡弘闡因書此賛辭允爲人心勸後父享年八十而

終。憲哀毀欲絶終喪終身戚戚然未嘗見齒妻張氏亦化於夫以全婦道而歟子九齡九成九皐皆克嗣父志精於醫藥有異居季父智及孀皐氏無子憲迎養於家事如已親人閒其叔曰叔父同氣出於吾祖不敬之是薄吾祖也奉之愈篤嗚呼孝於其親感通於天化及妻子用昌厥傳如憲者眞可謂難矣愚因目擊其事故為之傳以俟采民風者云

墓道銘表

宋徐公墓碑銘　　鄒光薦撰

頃予登句曲直東南望数峯儼然水倉玉立其下谿谷廻合林隰衍沃其氣作清下潤類非山澤枯槁老子之宮幽人之廬所能當奇也意必長德秀族隱盤其間蓄泄未艾前光景如是異時言句容事落落一二数予滋以不信厥明年徐雷煥訪予冶城謁入旋辟有儀坐定起出所贄雅有辭義問其居則句曲之南所謂斗谿者也問其世則曰斗門處士以勤儉大其積伯父蕪湖尉以友愛易其仕其奠也皆有漫塘

劉公之誌且銘在先父則處士中子尉之長弟也嘗以德軒名其燕居孤不天蚤失所怙於今蓋三十有七年矣又曰吾父躬隱約世友弟施于鄉不德其報最其子俾績于成用意至到不愧古人雷煥兄弟父子無似亦既勉自勤敬以趾美續聞服任遂功而葬茲甫毓亭育寒移所以揚前芳啓後秀邈乎未可期也惟宰木已拱墓未有刻先生念之予三辭閒日徐君言益悽楚踰月又以書若啓來請乃按行述而叙之公諱洪字德遠大王父子誠王父彥承父松俱有潜德公昆弟五人通五經皓首樂儒有筮仕者不忍

捨去日相與婆娑山水花竹間群從童冠先後撰杖屨掖侍跪起為壽子視諸父猶父父視諸子猶子無秋毫間賢士大夫至歆豔尚頌稱姻家人謂徐氏興矣端平乙未潰兵反側勢張此境奔迸公置牛酒語鄉鄰各入保勿怖走落燕人便里用按堵越數歲己亥淮民流而江南過輙剽賊公迎勞以粟肉好諭其渠詞氣閒暇渠即戒其伍毋犯還卷旗負鼓遥謂人曰幸為我命謝徐公明年庚子大侵江淛人相食殍轉壑者亡筭公默計吾廪足賓祭外盡斥以粥餓者貿貿然來視察必躬於是全活數百人里一不知有飢人

欲祠公像誦佛書以報公弗居也其在宗族鄉黨率
如此然訓子若孫特嚴謹館致儒士課習蚤夜孳孳
無怠寒暑由是堦庭蔭映擢秀交戰藝詞塲並驅
聯捷頻年載世名第相望榮耀鄉黨州閭而公不及
見矣公娶張氏子四人龍仲應發雷煥雷龍女一人
適傅源殁於淳祐乙巳五月乙卯享年七十一以是
年六月乙酉葬于前徐山之原公殁之十年龍仲與
其子桂子俱預鄉貢十三年桂子再舉于鄉貢七年
雷煥雷龍亦俱預鄉貢二十三年而雷煥亦再舉于
鄉二十七年桂子擢辛未進士第任蘄州蘄春縣尉

桂發天定七試成均而天定再預計偕者屢今惟龍伸巳卒孫男十三人桂子天定其長餘皆業儒女五人皆適名族曾孫男十一人女十二人嗚呼德軒之德徐氏之興皆未可量也銘曰徐谿之水兮源源而長徐山之麓兮佳木千章雖鬱鬱而深藏兮將菲菲兮彌芳

南京吏部尚書曹公神道碑銘　李賢撰

本朝進士科惟永樂乙未陳循榜得人最盛位至六卿者數人而天官冢宰曹公居之嗚呼非才德過人聞望素重者安能得是位哉公在南京深悵士惰天

順初以引年致仕
皇上念公舊臣重其衰老不忍煩以政務俾遂優閑特
賜璽書褒美卿典選著公平之譽議事有忠讜之言朕甚嘉之
又云其尚体茲優老之意安於晚節以希先哲公感
泣辭謝而歸優游林下其樂無以尚之辛巳秋七月
十有五日以疾卒正寢距生洪武丙寅二月一日享
年七十有六蓋棺事始終名節於是乎克保全矣
朝廷聞訃遣官諭祭于其家特令有司為營葬事其子晃
以予與公同官相知且稔哀乞墓道之銘按狀公諱
義字子宜別號默菴先世汴人後徙鳳陽宋南渡時

有隨之者遂家句容子孫漸至蕃盛因名其地曰曹
莊有稱萬四者再遷百社公之五世祖也曾祖紫甫
潜德弗耀伯祖伯華仕元爲儒學學正祖仲達以公
貴累贈資政大夫南京吏部尚書父諱均昂讀書尚
志嘗結樓面三茅峯題曰覽秀以公貴封翰林編修
累贈資政大夫南京吏部尚書母經氏繼母吳氏俱
累贈夫人公自幼穎敏爲父母鍾愛成童卽遣爲邑
庠生嘗誨之曰吾家世業儒汝伯祖爲學正有聞于
時汝亦充之公乃奮志肆力經史夜以繼日雖隆寒
盛暑不輟丁内艱釋服益潜心焉遂以書經中永樂

辛卯鄉舉入太學卒業未幾選入翰林院讀書公自
慶曰吾得見平生未遇之書何幸如之益勵進學卒
登進士第為庶吉士戊戌歲擢翰林編修授
勑命階文林郎封贈父母妻室久之轉禮部儀制主事丁外艱
服闋宣德乙卯陞吏部文選司員外郎公慨然以百
司得人為己任旌別能否物議稱之時
朝廷以藩閫重臣乃生民休戚所係特命在京二品以上
官推舉必屬銓司覈實公於所舉有未當者輒執論
之自此公卿推重楊文貞公尤倚任焉由是才猷益
著特進階奉訓大夫

賜誥命封贈父母妻室正統癸亥用知者薦為浙江叅政
朝廷以公素所簡任不宜就外特留之明年陞本司郎中
又明年陞吏部右侍郎公感激曰吾無以報公之明何
以堪此第盡心以報國耳時冢宰王公直亦自翰林
出者得公為貳深喜曰吾有所託矣由是闔部之事
悉付公理之時稱允當復
賜誥命進階嘉議大夫推恩三代士林榮之己巳冬寇犯京師
朝廷震恐公守崇文門訓勵兵士晝夜防範不怠賴以無
虞遂轉左侍郎昌恭務進陞南京吏部尚書公抵任
鎮之以靜事皆安妥復

賜誥命進階資政大夫仍推恩二代公立
朝四十餘年其操履如一日為人襟度坦夷心地明白樂
聞善言慶事周慎不與物競其孝友出於天性居親
喪哀毀盡禮事諸兄敬謹尤敦信義善處親黨朋友
死則哭之盡哀貧乏者助以棺衾安葬子有未娶者
為助財帛以娶之女有未嫁者為具粧奩以嫁之歸
老于家悉屏世務安養天和乃於宅東闢隙地種竹
數百竿鑿池畜魚襍植花果構小亭於其間題曰怡
老日與親朋飲酒賦詩為樂嘗曰吾一生遭遇盛時
得為美官今日復遂安閑皆

君上之賜也第恨衰朽不能報耳每戒其子中書舍人晃及姪
監察御史景曰汝輩當砥礪名節輸忠盡力於公家
副我懷焉及屬纊之際猶肅然正容貌不失矩度蓋
由平日有以養之所著有默菴稿藏于家配孔氏累
贈夫人繼張氏累封夫人子男四人長即晃也其次
曰鼎曰昇曰昺巻皆早卒孫男一人女一人占明年壬
午十二月二十五日辛酉葬于邑南箭塘山之原從
先兆也為之銘曰

惟時之盛　豪傑出焉　必有才德　可稱可傳
苟遇盛時　而不遇用　斯德與才　無異於衆

嗚呼曹公　士類所宗　究其所藴　古人之風
惟風之高　隨以入爵　位重階崇　益慎益恪
始歷翰院　終統一官　茂昭偉績　衆目改觀
所存所行　坦夷明白　始終不渝　無往不得
抑推其本　必慶之餘　乃宗乃祖　有善在初
源源流長　顧理無滯　發之於公　以大其世
公既大之　裕其後人　千載奕葉　惟公之循

刑部郎中謝君墓表　王英撰

刑部郎中謝君以正統五年五月丙寅卒其同門友
吏部員外郎曹君子宜哭之哀又力為治喪事又状

其事行屬余文表其墓君諱璘字子奎世居句容之鳳壇鄉之謝墅村家富而尚禮曰蘭惇善好施君之祖也曰思敬讀書力本贈兵部郎中君之父也母時氏贈太宜人二君自幼端敏甫六七齡應賓客對如流垂髫從學鄉先生汪永大甚愛重之曰謝家子弟如芝蘭玉樹非子其誰縣令朱彤聞而喜試以詩對語多驚人令奇命補邑庠弟子員君刻苦勤學永樂甲午領鄉薦明年試南宮第進士觀政憲臺郎府君棄養哀毁還鄉服闋擢刑部主事滿九載陞兵部郎中丁繼母憂起復改刑部進階奉政大夫脩正庶尹

賜誥命封贈及父母家室君性分直外若嚴厲其中坦然持巳廉慎治刑不尚苛刻犯有輕重必原情定罪獄有疑似必推究至再又密為咨訪必得其實寬抑多平反同列或以其過於詳察君曰刑者人命所係焉可不慎用刑僭濫罪及無辜則有傷和氣災禍必至吾惟此夙夜是惧聞者愧服君孝親友于兄弟信于朋友見君子長者推敬之至澆薄無行者謝絶不與交頗嗜酒公退則飲或與故舊飲必盡歡嘆亦未嘗醉其襟度灑然也生洪武丙寅十一月二十七日得年五十有五娶湛氏繼王氏俱封宜人子三人曰蕃曰荃

曰芮女二人長適解暹次許嫁徐禧番扶柩南還以
正統五年十二月十五日葬鳳壇鄉華藏山君居北
京初與余相隣故知君最久恒以君爲郎官有操守
治刑平恕當論薦列之方岳或大郡以弘其所施而
遽止於斯可哀也耶故序述其槩俾刻石墓上垂休
於無窮焉

興國知州樊公墓銘　　魏驥撰

奉訓大夫興國知州句容樊公卒實正統十年九月
廿八日也將以明年三月十有七日葬于邑之崇德
鄉祖塋之次先期其弟景穆介其友大理評事潘公

延持荆門知州朱公珉所為狀徵予銘其墓按狀樊
蓋句容名族也世業儒邑編氓戶凡三萬而樊獨以
儒着籍故生於其家者率以詩禮是尚多不敢墮其
家聲若公尤為樊氏之白眉也自幼儼若老成人出
入家庭行止可數甫十歲即為邑庠弟子員誦詩讀書
於所疑義不煩師資而輒克領解自是登有譽於先
生長者間業成膺薦入
秘閣預纂修事書成拜
命出監江西建昌稅及回行李蕭然無尺帛粒米之儲致建昌
之人無有不慕其為人之清白未幾擢山陰教諭以

母喪服闋改南康教諭所至為教必先行檢而後文藝致游於其門者多有所造就鄒庸少師楊文貞公薦陞興國知州其為政為教一以古人是法特時民膠故習咸謂其行不合時宜者一辭公惟行之自若不為少動迨漸摩之久民有不特化之而有感之之者焉一日值天久不雨及猛虎為害民甚苦之公即齋戒禱之於神雨輒應期而至虎亦自鬬死又謂境內惑民志者莫大於淫祠異端其毀之闢之尤嚴甚先是民逃移他郡者甚衆至是聞公之政悉復業以安其生迨老姦宿蠹亦皆变為良民善士既六載遷

以老辭既歸絕跡城府於家居竹圃之南別構一室題曰繼述齋聚先世遺書其中以訓飭鄉人子弟歲時或應縣大夫鄉飲召至則衣冠儼雅一言一動甚爲一鄉之所景慕孰意年僅六十有四竟底於此曾祖達祖傑句容教諭父異皆讀書惇行以儀表鄉邦配許氏繼王氏李氏子男二紹宗新宗善宗女三湯泉胡純愷其婿也餘在室孫男二宗富宗貴惟公負純實之學清白之行自少至老終始不渝所可惜者祥不逮德耳然其所志於爲政爲教亦嘗行其一二今雖已矣抑又何憾銘曰學也純正行也清白不磷

不湼亦人之特年踰六表正寢而亡視曲生者不其
有光鄉山之原千古托體刻此銘章以昭世世

太僕張公神道碑　商輅撰

太僕寺卿張公孟獅以成化辛卯五月戊子卒訃聞
上遣禮官賜祭
命有司治葬事其子恢奉太理寺卿王公同節狀介太常
寺卿余公孟章乞予銘其墓道之碑按狀公諱謙字
孟獅姓張氏別號守約世爲句容人曾祖仲明祖轂
賓皆隱德弗仕篤於孝友父伯安以公貴
封文林郎福建道監察御史母孫氏贈孺人洪武中伯安

與兄伯達謫戍崇山尋迁赤水伯安讀書尚義遂老
敬信晚歸鄉里人號巳山遺老公甫幼穎敏弱冠即
銳志於學朸請於巳山從兄孟昭求師瀘州至而孟
昭卒奉其喪歸繼從何教授邦寧於會川何卒公為
治其後事復從刘長史仲珩於蜀仲珩見公年富志
銳悉以所學授之時忠愍刘公廷振奉使至蜀見公
深加器重日與講論奥義大有所得宣德乙卯遂以
禮經中雲南鄉試第二人又明年至京因卒業忠愍
之門正統乙未登進士第觀政工部奉
命修楚王墳區畫中度王親洒宸翰賦詩贈之歸拜行人未幾

丁孫孺人憂哀毀骨立廬墓三年致羣烏來集起復奏
命巡四川茶禁宿弊清革人咸便之明年往陜西掌通渭王府
喪禮府中財匱公啓襄陵樂平二王各助麥千石及
綵幣馬疋始克襄事諸王皆賦詩為贈比還進福建
道監察御史戊辰往督福建銀課時當草寇殘毀之
後民物凋敝餘孽鬬作公親率士兵捕賊遂解散
事竣還任江陰有周姓者父子以土豪被逮至京罪
應籍市周素富人莫敢言公獨為直其子之冤雖讓
議喧騰弗為動景泰辛未監禮闈試防範嚴密人無
敢干以私一日

詔下令掌院事者考覈御史等第以
聞掌院欲假刑名定去留公曰御史糾劾百司豈徒以刑名爲
盡職耶雖罷其言不能用壬申滿考進階文林郎蒙推
恩封贈其父母如制已而懇乞歸省時已山尚無恙承歡戲綵
鄉人榮之明年已山遘疾公旦夕侍湯藥弗離側比
卒哀痛幾絶及葬復廬墓三年芝產墓傍部使者欲
聞公力止之南京光祿寺丞雲南陶瑢與公同鄉薦與母妻相
繼卒於官宜空乏不能舉公力給其子潯以扶柩還
丙子奉
勅提督北直隷學校士風爲變丁丑

朝廷悉罷諸提督官公乞調南京雲南道巡歷鳳陽諸處
倉粮禁革奸獘軍民畏服明年陞河南按察副使斷
獄明允人以不寃又嘗分巡南陽汝寧等府抑強扶
弱所至有聲又嘗提督屯田子粒脩復黄河隄岸事
易集而民不勞辛巳秋黄河溢壞汴城不逞之徒乘
間侵掠富民及府庫金帛公率民兵四出擒捕悉寘
之法并詰責守帥縱暴之罪事賴以寧甲申
召為順天府府尹先是涖事者莫敢以部臺抗買辦科差
唯唯聽命公至累
奏減免因與諸司廷論不已乃上疏自劾乞歸田里不許

乙酉京闈鄉試先試院火公以民力重困宜停循造
姑營廠房以待試丙戌御史黃璟巡按京畿搜公細
故公亦列疏璟過遂俱落職公守萊州璟丞常山至
萊州遇旱遍禱於神雨獲霑足府縣學頹敝東萊祠
亦壞公次第經營悉皆就緒戊子以太僕卿
召還公夙夜容心脩舉職務人有以售馬詐善價者峻詞
拒之自是干求路絕而馬政蕃息辛卯春得疾醫藥
弗效逾三月而卒距生永樂丙戌九月乙巳春秋六十
有六配王氏贈孺人繼沈氏封孺人子男四長愀次
慥王氏出次恬次⿰忄遂側室何氏出女四人長適壽州

儒學生湯鼐餘在室公平生孝友忠信剛方正直治
家一遵巳山遺訓閨門肅睦教子性嚴而有恩與朋
友交久而能敬輕財好義急於拯人之難而賙人之
匱敭歷中外二十餘年忠愛之心清白之操始終如
一至論
國家大事侃侃無所忌事有分毫利益於民者即排衆
議行之聞人之善樂於稱道見不善則面斥之皆是
多召謗怨嗚呼公可謂篤信自守者矣諸子奉柩南
還將卜以是年冬十二月乙酉葬于邑南福祚鄉義
壟原先塋之次銘曰張氏之先世篤孝友根本既固

枝蕃蕊茂乃生太僕為人中秀問學能勤德業斯就敭歷仕途清白是守忠君愛民孜孜恐後好善惡惡是非弗謬正直剛方絶無僅有句容之山水深土厚勅葬有墳垂譽弗朽

欽天監監正高公墓碑銘

童綸撰

南京欽天監正高公以疾卒於正寢其子軏等哀毀踰禮衰絰踵予門泣曰不肖罪逆深重不自殞滅禍至先考卜日扶柩窆于西店山之陽弗得執事賜銘勒石以表其墓則先考之行遂至泯然不孝之罪烏能已乃持司曆天台董宗狀來乞予文予惟公歷仕

南北知遇且深矣能辭按狀公諱昇字宗周世系古
汴人始祖嘗為宋駙馬都尉扈隨高宗南渡樂句曲
山水之勝而居焉生子數人皆賢事詩書派衍甚繁
分至諱德山者積德累仁不樂仕進是為公之祖也
生子諱信字克誠賦稟純篤天性仁愛鄉人以長者
稱是為公之父也洪武間以從兄任本邑陰陽訓術從
制舉選入欽天監為天文生力學史館以需時用未幾隨
駕北狩遂卒於金臺生子一即公也公是時尚在弱冠侍
養弗遠克盡孝敬不幸克誠公身方顯遷遽以壽詛
將遊命公曰狐死正丘首亦力行所當然餘無以言

遂逝公擗踴幾甚扶柩南還舟至江中值風浪巨作人舟殆覆公獨俯棺號泣呼天自欲隕間如在生見父喻曰風息可渡驚忽巽然遂抵無虞是皆公一誠格天感親如此夫豈偶然而已哉渡江抵家以禮安厝於西居山之陽公越月復至京代其事本監以精

通曆學舉

上允授五官司曆未幾轉秩官遷監副景泰中蒙褒加

勑命推恩贈父克誠公如其官母張氏贈安人六年

上召命撰皇太子山陵得受金白綵帛之賜天順改元之初公當

九載滿秩

上特陞欽天監正進階奉政大夫
欽調南京欽天監掌事先後凡三十餘年歷練終始毋少怠而
愼益著公天分毅直不喜華靡樂道人之善事上
處以忠信齊家御衆以禮樂蒞政嚴密無毫髮私加
於人性愛恬澹恒靜以自處不欲與勢利俱素行類
如此生於洪武辛巳十一月初八日卒於成化丁亥
九月十七日也享年六十有七配王氏有淑德懿行
封安人子男六人長曰輗任本縣陰陽訓術次曰軏
習易未第次曰輔任本監五官司晨次曰軾習詩未
第次曰輅習禮充本縣儒學弟子員次曰軒繼承先

業女二人長廣惠適旗手衛指揮僉事田瑄次廣聚
亦適而卒孫男七人璘琦瓛珣玹琰瑱孫女五人長
[illegible]賢適奉人徐欽次惠聰惠容惠福重孫二嗚呼公
以曆學之精得遇
恩寵光前有褒裕後有則而三子俱官餘皆未艾顯融一門簪
紱蟬聯輝映內外公可謂五福俱全古今難得者矣
墓宜銘曰曆學之精足以顯厥身善慶之積足以裕
後人宜其位通顯而乖大夫之紳膺爵禄而沐
君上之恩終始一節立乎要津德位壽福克全其純我表其墓
勒于堅珉千載必式有光斯文

青州府通判居公墓碑銘

劉宣撰

士之抱才能負氣節勵操執以自立於天地之間者恒患不得位以行其志焉爾苟得位矣而天不假之以年俾得竟其所施則天下後世之人莫不惜之而其人之恨殆與天地相為悠久若青州府判居公是已公諱輔字相之世為句容人生七歲即知務學年十二補邑庠子弟員日記數千言為文落筆成章沛然有奇氣舉止言動若老成人先生長者皆器重謂其功名可指手取正統丁卯以葩經發解南省繼丁外艱服闋連不得志於禮部遂卒業成均迍邅遲迴逾十

数年始授四川重慶府通判公嘆曰此豈不足以為
政耶比到官適兩川寇盗蜂起邊夷侵軍旅數興民
不堪命佗為郡邑者皆縮首瞠目莫敢先發公獨躬
履艱險率丁壯禦之郡境賴以清肅上司知其賢俾
督軍餉數十萬斛訖日而集邊餉充溢民不告勞巡
撫巡按諸
廷臣皆加奬勞且疏其才能達諸銓曹期大用之而公丁
內艱歸矣服闋赴天官改判山東青州府時年穀不
登民多流殍巡撫都御史牟重慶人也素知公賢即
日委公賑濟多方區畫民賴以全活者甚衆又薦以

沿海諸衛所軍儲出納有方略無留滯賢名益彰凡諸司難理之事悉委於公竟以勤勞遘疾而卒時成化甲午秋七月廿有六日也距其生永樂己亥五十有七歲公之處家也篤於孝友居喪哀慟行道之人亦為之悲其居官也决疑斷事勢若破竹故兩判大郡當艱難之際人皆揭〻已獨優〻使當大任則其事功當何如耶柰何位止於此又不能久長知公者所以慟惜而不能自已者也曾祖行恕祖弘遠俱隱德弗耀父處謐與其弟處端篤於友愛治命俾同葬一壠子姪遵承邑大夫表其墓曰二難公之母陳氏

與其壻趙氏高氏亦同墓右邑大夫表之賢姊賢姒從弟進之善承家學成化癸卯亦以葩經發南省解邑大夫稱為二美題其坊牌曰棣蕚聯芳其世惇孝友蓋如此娶妻經氏蚤世以謹為嗣繼栢氏生子三曰高曰京曰唐性敏好學有父志皆娶名家女三亦適右族公卒諸孤扶櫬歸句容于明年乙未葬于小干原祖塋之次迄今十餘年高輩悲墓木之已拱而墓碑未有所托奉致仕叅政張公仲書所著行狀丐銘于予公與張公生同邑志同道而公之冢嗣又張公之子壻也故其所著甚詳予因撫其梗槩系之銘曰

其蓄也厚　其施也不究　天實爲之　將安歸咎

中書舍人曹廷端墓表　　倪謙撰

廷端諱昇號可齋姓曹氏廷端其字也其先由汴中徙濠梁宋南渡遷句曲族蕃盛因名其地曰曹庄有諱萬四公者始遷茅山百社村生三子分東屋西屋中屋三派廷端東屋派也曾祖伯達祖道銘俱贈吏部尚書父義南京吏部尚書致仕毋張氏封夫人廷端姿表明秀如玉雪可念風猷醞藉自幼端重無童習見先生長者於道執禮甚恭咸器重之性聰敏夙承家教篤志問學尚書公欲傳其材遣從祝給事中

頴授進士業沈郎中爲忠習書不鄙從予攻詩皆有
造詣又遣通外國文字能精譯其義著爲文辭則春
容一本諸理不戾於榘矱詩歌則清逸有巧思粹然
成音字畫則端勁遒美甫弱冠老成者多自以爲弗
及也挾所得將奮身科第適
朝廷選能書者給事館閣廷端在選中年雖少被服素潔
絕無貴游氣在公恪勤迺事無怠退就名士講學賢
聲籍甚未幾擢鴻臚屬秩滿進中書舍人入直文淵
閣恭巽和厚舉止閑雅出入有常度不愆于儀諸閣
老先生深相敬愛禮待有加凡

朝廷高文大冊內外制誥四夷君長詔諭多其手筆潤飾
綸綍朝臣荷
誥勑推恩其親者得廷端書輒喜幸以爲榮居清貧幾二
十年士譽翕然歸之尚書公以疾卒於家訃至廷
端號慟幾絕遽奔歸體素羸弱遂積哀成疾不起甫
四十天順八年正月初二日也距生洪熙元年正月
十五日廷端性孝友事尚書公盡色養客至承順左
右共子職無惰容處朋友克全交好不以始終有間
賙人匱乏傾貲不吝有在患難中者雖遠方必緘金
附寄以濟恤之其好義如此不善飲樂款客至必觴

酌盡驩論議古今賡酬篇什情興藹然士大夫樂從之游若聶文學大年詩名重當世亦折輩行而與為友更唱迭和葩藻疊出動連百數十篇不止四方賫卷軸求其作者充積几案森如束筍家多藏古圖畫朝退晏坐一室時取而展玩之以自遣或焚香瀹茗鼓琴一再行或散步庭除觀花卉生意或倚闌默坐延清風而待明月高懷雅趣超塵絕俗不知軒組為何物也故廷端之卒人皆惜其氣禀過清故造物靳其壽歟所著有可齋集若干卷藏于家廷端元娶李氏董氏俱卒繼陳氏無子以弟之子濡為後卜成化

改元正月二十五日祔葬于前塘山原祖塋其從兄上舍廷昭介朱侍御良玉奉童翰大章所爲事狀請予表其懸繂之石予於廷端原有一日之長義奚可辭乃論次如右而復爲之言曰長山邃谷必産良木名宗世閥必生異材嗚呼若吾廷端其可復得也耶尚書公有豐其殖載德委祉固應發於廷端也而仕不登祿廷端續學褆身立志遠大固應致於耆艾也而年不中壽抑命矣夫抑命矣夫然其材名德業表表著聞文獻相承克濟世美畀於弗墜堂構者萬萬嗚呼廷端此其爲足以不朽矣源之深者流必長

穫而食之不逮於今有不於後乎是用焯其遺芳揭
諸墓道尚有考於來者

監察御史戴先生墓碑銘　王韶撰

先生諱仁字以德姓戴氏其先自梁尚書令暠居句
容國城後歷隋唐代有顯達有葬潤州金壇太虛觀
世祀之者至萬二公氏族蕃衍分徙不一今居邑之
臨泉楊巷又七世矣本和祖也汝明父也一門尚義
七世同居誠容山大族先生遠承餘慶穎敏過人父
母鍾愛弱冠遣從秋官郎中廣濟陳公愷授義經學
業大進舉補庠生落筆成文人器重之天順壬午中

悳天鄉試成化丙戌登羅倫榜進士觀政大司空差
督江西尚書劉公墳遂以廉能見稱事竣授太常博
士居官盡職惟謹祀事時
上選贊禮郎二人挨補堂職先生奏曰某等起自黄冠況無素
行若以此輩陞任此職則名器輕以假人雜流得以
倖進非　朝廷選賢任官崇重大祀之意也乃止三
載秩滿父推恩　封太常博士母蔡氏贈孺人適丁
母憂歸營葬事哀毁踰禮喪葬悉遵古儀服闋轉山
西道監察御史職司耳目恒求允稱未幾印烙北直
隸山東河南馬疋有爲有守官民敬服繼巡兩浙鹽

課革除脚夫宿弊 奏黜運使老髯處嵒有方商民兩便至今德之暇修餘杭行臺作此君亭記人又以文章政事稱焉得代還朝遂奏

勑提學京畿先生身任斯道惟務作興心秉至公不容請托

奏巡撫侵奪職掌恭知府屈法阿從人皆拱服提學三載教化大行士風丕振又嘗奏革東廠沮抑權倖名動

京師僉謂大用有日矣孰料事起於微禍生不測煅煉成獄詿誤歸閑人皆嘆息先生從容就道坦然無愠作歸田十詠以自釋閲月抵家自喜曰向羈官守盡忠不能盡孝今得奉父於老年愜所願也省侍之暇

溫舊書課子姪或觴酌或吟咏徜徉泉石自以爲樂別號歸田外史閒錄平日著作詩文若干集名曰白軒稿夫先生居家理事親孝性資寛厚學行老成其任也忠義不屈其退也隨寓而安非有德君子者乎柰何天不假年五十有六遽以疾卒娶朱氏贈孺人側室戎氏子男三人江淮河女二弘治戊申臘月日葬蒲田山原予述先生家世出處而銘其墓曰

戴之爲氏　世家大族　慶衍雲仍　發身科目
初耀清秩　荐登要津　歷官行政　在在有聲
胡爲其然　遽爾不祿　拂袖東歸　抱道自玉

茲焉長逝　無愧厥天　刻銘墓石　光垂永年

淩公永通墓碑銘　張諫撰

天順三年春予以監察御史陞副汴臬交人淩君永通因舊游之地同予以往留二載餘予出巡南陽君忽遘疾卒於寓舘卒之日惟以不獲睹兒別予為恨五年六月十二日也享年六十有一既而予歸哭奠以辭粵明年其子仁奉柩歸句容將以其年九月丁酉葬於崇德鄉東山之原予乃思君立身懿行厚于家而推于人者為文且銘刻石表君之墓俾知君之義不特始終於予者可重也予豈忍銘君哉君諱調

永通其字世為吾邑令族祖世昌、父德勤皆隱德弗耀，咸持身謙謹以率人，子弟化之。即其鄉，見恂恂雅飭，不待問姓名，已知其為淩氏子弟。君為子弟中卓拔者，年十四喪厥父，毀瘠踰禮，事兄長溥極愛敬，若嚴父然。十六侍從兄潭如汴，遂往返其間三十餘年，凡遇文學才行者，輒敬慕之，故士林樂與之交游而推重焉。恒念二親蚤逝，言輒流涕，殆廢寢食，爰作堂揭著存為扁，以寓孝思之誠。若前方伯李公昌祺、大參孫公原貞、周公光溥、僉憲鄭公亦雅言、曹公璉、長史鄭公義及今戶部尚書鄢陵張公睿、督都憲王公仲宏輩皆為詩文以彰厥孝晚號友蘭倦游而歸置别墅為終老計因予之任復同至汴故舊相與留連遂忘歸焉平生不刻暴取財而家富於舊與弟沼等友愛尤篤撫諸姪猶子奨鄉里不能舉者十餘喪一日遇老嫗泣諸塗詰之曰粮迫困措爾君惻然閔之取白金代輸又與數商同舟渡江舟溺獨君貨存輒以所存分與諸商略無靳色嘗有秦晉以白金易君貨君持還邸計其價踰常數遣其子馳騎追還之其厚義而輕利類此使君享有高壽則所謂義之特於已者益隆利之施於人者益博而何止於是耶故其卒也

宜乎汴藩諸大夫士聞之莫不哀悼致奠可謂善與人交矣君始娶穀城戴氏女有婦道生男二人長曰倧次曰仁先卒後娶水北周氏無子乃爲銘曰

嗟斯人其行醇其義敦我銘其墳百世如存

象山知縣淩傅墓碑銘　劉宣撰

成化丙午秋八月既望象山尹淩君歿于官百姓哭之如喪考妣既立祠肖像祀之又疏其政績聞于

朝乞加贈謚未報君之弟偁歸其喪百姓哭奠于道絡繹不絶至出其境而後已君果何脩而得此哉蓋其存心也公其涖政又勤其撫百姓也如保赤子此其所

以致人心之思慕也象山之為邑也地濵大海匪衛以塘則田皆斥鹵不可稼邑南三十里有塘曰嶽頭東去四十里有塘曰陳兆二塘衛田二萬五千餘畝相傳以為晉人陶凱所築歲久潮水衝嚙田皆蕪穢民屢出稅以給公上遂至困窮徙者過半君初至問民疾苦耆老首以為言君愀然不樂曰民事莫重於此吾其可少緩耶即窮往視之經營籌度以陳兆之費稍廉即首與事梵石鑿河引水他注而於海潮衝嚙之處立巨樁如櫛以捍且外乃畚土以實其內民趋役者不令而來動以萬計懽呼囂譟踰月功成乃

復從事於嶽頭其功費十於陳兆而民趍之益力不
數月而塘亦成塘之内鑿河三道惟中河最深且作
三十六曲蓋以河深而曲則其流緩漫可以瀦之以
備灌溉每河設碶一所俱甃以石閘以木西曰嶽頭
中曰慶豐東曰高平與上三舊碶列而為六視水大
小啓閉以防旱潦塘既成遂有秋四方流徙者繈負
其子以歸此其所以德之深也既勒石紀其功復立
生祠其上以祀君他如縣廨傾圮則撤而新之學挾
狹隘則買地而廓廣之以錢計者若干貫以屋計者
若干楹以材計者若干條以石計者若干丈以工計

者若干日然錢出於已俸與官之羨餘材取於寺觀之久植者石取於南山工出於民之在官者此其所以功之雖大而民不知擾也甲辰乙巳兩歲旱君禱雨輒應民間多虎禱於城隍虎即潛踪民俗不善蠶君則教之植桑供蠶而衣足矣民俗雜乎島夷君則以禮化之而衣冠不異於通都大邑矣於乎先王之政教養而已君之為象山若此雖古賢令何加焉祠而祀之不亦宜乎且君之善政惟築塘之最大故予序之特詳焉君諱傳字汝聘別號鈍齋世為句容人七世同居合爨千餘指曾祖昔曰祖德儉俱隱居求

志父永澄勤儉質實弘張私家自號無逸子祭酒丘先生為之立傳母陳氏配許氏子男一曰謹方三歲女一適同邑温江令高謂之子仿君生宣德戊申三月十六日享年五十有九以是年十二月廿六日葬於本里西山之陽君自幼穎悟博極群書尤邃於毛氏詩登游邑庠天順壬午歲貢入北雍成化辛卯謁選天官遂領順天府鄉薦辛丑歲拜縣尹居官五年而沒沒之際謂與曰劉祭酒其知我者必以墓銘托之與哭而識之至是奉致仕尚書陸公所著行狀且致此言於予予自官詞林時與君相往還於今二十

餘年方將期其大用而遽止此悲不可言銘奚敢辭

銘曰

君夲大材　筮仕小邑　不鄙其民　愛之甚切

築塘衛田　民得粒食　植桑供蚕　民有餘帛

興學尚禮　民俗遷革　立祠肖像　民報君德

功在百里　名垂史策　何千萬年　永矢無斁

句容縣志卷之十二

儒學訓導浮梁程文仲昭纂輯
致仕同知邑人王韶思舜校正

雜録類

五瑞圖序跋

劉宰撰

特秀之芝两岐之麥同本之竹並蔕之瓜邅有一於此足為上瑞况五者来備乎然則邑大夫與其同僚所以召和迎祥者亦必有道矣

寶慶丙午秋丹城張君佀来宰斯邑越两歲而五瑞集焉上民歌誦盈耳盖自有不已者漫塘聘君劉

先生言語妙天下平昔不輕許可其歸美於感召之所自者信矣山陰王令君亦有跋語暨諸賢序贊連篇累牘秉易悉紀大夫初不自矜至有謝同僚之詩曰贈喜聯官忘爾汝故令元化奪胚胎及惠邑士之詩又曰山川清美天下稀五瑞同時盍紀碑碑上只言人物盛若言德政愧無之吁大夫其謙矣哉是歲五月既望兔解進士充縣學學長江千里謹書

許長史井銘　徐玹撰

長史含道棲神九天人非邑改冊井存焉射茲谷鮒

洌彼寒泉分甘玉液流潤芝田我來自西尋其紫陽若愛邵樹如升魯堂敬刋翠琰永識銀床噫嗟後學挹此餘光

葛仙翁煉丹井銘　方峻撰

仙翁沖晦營鍊長林仙翁顯明海鼎流音方臺白麗丹砂黃金神飛萬丈井存于今碧甃函丈銀牀半尋涵清冽果滌塵洗心得地不改短綆汲深我長斯民知宗青光周諮故里景仰遺斫勒銘琳館肅永厥傳

嘉瓜頌　宋景濂撰

皇明式於九圍德漸仁被和氣薰蒸靈物效祥乃洪武五年夏

六月嘉瓜生於句容張觀之園雙實同蔕圓如合璧
奇姿分輝紺色交潤誠為曠世之產壬寅京尹臣遇
林函以素甌圖其形于上移文儀曹請以奏聞癸卯
尚書臣凱等奉瓜以獻時
上御武樓中書右丞相臣廣洋左丞相臣庸同知大都督府事
臣英御史中丞臣寧翰林學士臣濂咸侍左右
天顏怡愉重瞳屢回良久乃言曰徵之往牒其事云何丞相奏
言漢元和中嘉瓜生於郡國唐汴州亦獻嘉瓜禎祥
之應有自來矣
陛下勵精圖治超漢軼唐故天錫之珎符太平有象實見于茲

上謙讓弗居俄而靈貺之臻復不可不承乃
詔内臣寘諸
乾清宮翌日甲辰薦諸
太廟臣瀌退而思之夫瓜蓏之屬也其蔓遠引其葉皇蕃諸傳
有之神瓜合形表綿綿之慶此固兆
聖子神孫草億萬載無疆之祉況瓜所出本於回紇中國討而
獲之故名為西方今
皇上命大將軍統師西征甘肅西凉諸郡俱下而瓜沙已入職
方行見西域三十六國同心來朝駢肩入貢天顯協
瑞其又不在於茲乎然而異畝同穎周公作歸禾之

篇三秀合圖班氏有灵芝之歌矧此嘉植含滋蕃馨昭宣我神應焜煌我王度寧可喑默而遂已乎頓臣駑劣不足以美盛德之形容謹上其事頓宣付史館以備寶録復繫之以頌頌曰

乾道載清坤維用寧保合太和發為休禎句容之墟物無疵癘神瓜挺出殊實同蔕瓜孰非单此合而生二氣毓質雙星降精審房均甘氷圭競美明月重輪彷彿堪象豈無賓蓮産於戶東疇若茲瓜叶瑞聯祥亦有華平張碧作蓋疇若茲瓜交輝映彩其兆伊何蘿圖綿延西域既柔德冒八埏羣臣曰都再拜稽首

神休滋彰

天子萬壽粤從起運靈貺疊甄兩岐麥秀合柎孕蓮矧此禎符

近在

輦轂王化自迩遠無不服

帝曰吁哉朕猶憮然瑞當在人物胡得焉使物為祥宜獻

清廟自我先人積慶所召孰瑞不矜

帝則弗居惟親是思我民之徒以實應天斯乃

盛德小臣作頌以示罔極

瑞麥記　陳汝珪撰

周公得嘉禾以名其書所以示不忘也故後人遇有

祥兆莫不記之於金石銘之於鼎彝以志其

國家之慶傳曰國家將興必有禎祥此所以不得不記之

而不可忘也句容密迩金陵乃

皇化首被之地余於天順庚辰年承乏是邑教惟時邑令劉義

宇循道山東諸城人也先丞是邑後陞令秩於茲十

有八載矣政通民和嘉祥乃應於成化二年歲在丁

亥夏四月民以兩岐麥獻邑庭皆以為邑令所致令

辭曰吾曷克以臻茲方今

聖天子在上

皇風清穆治教休明一氣和而五刑措萬民安而四夷服故兩

岐之麥肇應斯時於我何有焉噫讓之為德固美矣
昔張堪為漁陽太守百姓歌曰桑無附枝麥秀兩岐
張君為政樂不可支彼時堪亦不自居百姓歌而歸
之時異世殊理同一致是故邑之士民相與謀曰世
之祥瑞不虛應亦未見應非其人也不有斯文傳載
金石亦何以垂示永久君周公得嘉禾名書而不忘
也僉霈言以記之予惟以和召和嘉瑞乃至彼庶民
安哉瑞莫加焉麟不有是而能致斯瑞耶庶事康哉
祥莫大焉麟不有此曷能肇厥祥耶然而士民知麥
秀兩岐為瑞而不知瑞之所從來間有知瑞之應本

於天而不知由邑令德化之所感吾所以道其實而著於文是亦闡幽示人之餘意也

劉大尹德政頌并序　李賢撰

粤自秦郡縣天下而邑宰難其人也尚矣蓋地方百里爲邑即古之侯國其在成周田皆井授有鄉大夫三物之教八刑之糾有比閭族黨之告戒禁令故其治不難而長民之吏莫非循良也後世田不井授教養無法民僞日滋而百里之政一責於令此漢唐而下所以傳於循良者不多見也洪惟

我朝

列聖相承法古為治雖郡縣不更於秦而所以教養之政維持防範之道得人任職有過於周焉句容為應天之首邑人民叢集政事旁午號稱難治諸城劉侯義先丞蕃邑政有績聲父老詣闕保陞邑令益加清慎所以宰之不難而治故民有立像祀事之感循良之風殆可頌焉為之頌曰

卓哉劉侯義矣弸彪老成練達明決剛柔剸繁治劇政事孔修民懷吏畏麥秀禾秞鼠牙訟息狼虎掉頭絃歌聲譪桃李陰稠仁同卓魯化比中牟斯民仰德百里謌謳立像以祀譽播千秋喬遷指日名覆金甌

循良傳續至治增休所以聖代超軼成周

送吏部尚書曹公致仕還鄉序　姚夔撰

上復辟之元年吏部尚書曹公獲優老之命公慨然曰昔文潞公告老乞親辭天陛庶盡臣子之誠予何敢自即安乃奔走入謝既見之明日且辭歸上重公之去欲留之公頓首曰臣無佞自一芥書生事文皇帝朝列聖相承餘四十年恩德覆幬如天如地殊愧不能補報於萬分之一犬馬之齒今年七十有三聰明不逮於前聞筋力漸衰於往日臣實耄矣無能爲也臣

昔嘗以老辭不允茲願乞骸骨歸鄉里伏惟
聖明憐之
上若曰嘻自昔帝王倚任老成謨明弼諧用臻厥治故曰人惟求舊器非求舊惟新唯汝端亮多文謙恭有德其在詞林供奉文字發揮大猷彌綸舊章唯女之能其在銓衡唯公唯明官用得人治臻康乂唯汝之績及陟貳天官式佐大宰時丁多事爾謀爾猷克濟艱難矧是舊都實資鎮靜唯汝之功夫唯汝功汝績汝能敷于明庭保乂王家簡在予心予不汝忘冀汝勉留匡予不逮茲汝歸志既堅予不汝怫予而有汝怫勞于

汝躬滋用弗懌且非先王優老之義汝其歸哉即日
命翰林撰勅褒諭光禄賜宴兵部給官船以歸公於是三頓首
拜謝而出於乎
聖天子優遇老臣何其仁且厚也逾月抵金陵告别於諸所往
來戚行李東歸於時文武僚車馬数百疋輛設供張
祖道都門外屬官項麒等咸恋恋不忍其去乃攀轅
顧予曰
朝廷名德老成如我公者幾人公去如吾輩何予獨不能爲
去留計耶予曰不然夫貴老貪賢固
天子之至仁而引年致政乃君子之大節公歷事

五朝忠君愛國之誠著之肺肝見之事業炳炳烺烺何可及也其於身之去就蓋亦審之熟矣今其歸也豈髙尚世自潔矯以干名者比哉老子曰功成名遂天之道也公蓋有得於是哉諸君休矣既而僕夫告嚴驪駒疊發各奉巵酒再拜為公壽公乃盡醉登車欣欣然而去諸君復命夔次第其說云

送監察御史張紳屯田序　　張鳳撰

景泰初張君仲書以行人滿三載謁吏部吏部雅知君賢遂奏為南京雲南監察御史君既莅任時都御史張公方總軍政乃以君監董諸軍練夫戰者未幾

張公諗君之所施曰賢矣乃又以君巡撫諸軍調代
而新集者居一歲張公益諗君賢曰張御史嘗為行
人出入數千萬里知民之情與事之宜其試于是殆
王良造父御車於故路乎今之事難於理者宜未甚
於屯田以吾觀之其必張御史能舉也乃以付君君
既受遂盡其弊即上疏曰井田不行久矣漢唐以来
皆議立限田之法亦以因循臣斟酌古今之宜欲豪
橫絕侵漁之弊貧雖有充足之樂則莫如均田且今
南京四十八衛與沿江衛所其地總若干萬頃而民
軍有若干萬人以一軍受田五十畝通一歲之所入

計之亦可得百石於百石之中取其二分而使其自取八分則公家無月支之擾生人免日給之憂富不敢踰貧不敢廢而法莫良於此矣其沿江開荒軍不足則召民佃之行之既久不患倉箱之不穰穰其願而趨者之不紛紛也臣不敢欲以是法盡於天下姑以臣所治之地試之不效責在臣耳

上表其疏與群臣雜議莫有能難者遂報可張公於是甚稱君之賢不置君竟以是見多於人其法既行其效既成君遷以御史滿三載且當復報命而南京戶部尚書沈公合其僚屬來請予爲贈言君子友也友之賢而

言之子言責也何為乎侯於請蓋必如是然後見人
心好賢之同也見予言不訣之足重也詩有之在彼
無惡在此無斁庶幾夙夜以永終譽未有實之未至
而譽之虛得者又可以見君之信為賢也君行哉年
榮有聞寵光有加斯時也君之賢將如是而已乎人
之好之將如是而已乎予之言將如是而已乎是以
勉叙之以復于沈公使贈而侯焉將謂予之能計也

茅山志序　胡儼撰

太子少師榮國恭靖姚公嘗在史館以重刻茅山志
屬儼為序儼時

扈從北上未有以應命今公辭榮靈丘巳五宿草矣大嶽玄天
玉虛宮提點任自垣復来請自垣昔受業茲山而儼
有姚公宿諾故来請而不敢辭焉按茅山舊有記而
志則始於嗣宗師劉大彬故元時所編集也元末板
燬于兵其故刻則外史張伯雨所書極精潔至
天朝永樂癸未姚公得遺刻善本於本山靈官陳得荀慨然念
茲山之文獻有足徵者乃合同志之士出貲命工重
鋟梓以傳甚盛心也考其卷帙自誥副墨至金薤編
凡十二篇分為十五卷而茲山之形勝歷代之寵章
經籙之授受師真之傳系賢士大夫之文詞巖壑洞

府之靈閟宮觀祠宇之崇嚴暨夫神芝竒藥稚異卉
靡不具載大彬之用心亦勤矣哉而自垣能繼述不
墜宣布以行信乎其有傳於世矣嘗聞茲山即句曲
小後以茅君而名乃道書所謂金壇華陽之天古仙
神人棲隱登真之所然在
皇畿之内蜿蜒盤礴密邇鍾山靈氣之所通英華之所暢其佐
興運而奠民物者蓋有非仙真所得專者固非志之
所及矣何時葛巾杖屨徒自垣一造焉訪三茅之蹤
挹楊許之高風問華陽之舊館百尺樓上坐分半席
延隴雲而接松聲發長嘯而撫鳴琴姚公有知庶幾

一來聽耶則儼之宿負得所償矣

容山鍾秀集序

陳音撰

金陵山川之奇勝甲於天下我
太祖高皇帝定鼎於茲即其地爲應天府以綱紀萬方句容爲
應天鉅邑山川地脉皆發自金陵聯亘縈環葱蒨澄澈其清淑之氣磅礴鬱積發爲人物多雋爽不凡蘊奇吐粹蔚然有足觀者誦其詩仰其人則知其生必有所自殊非偶然也晉魏以前句容詩家之作代不乏人但世遠或失其傳歷唐宋至於
國家作者彌盛其詩亦多逸寡存幸而存者又散漫不輯

且有魯魚亥豕之患邑宰吳興王侯僖來蒞邑之文獻慨然有志於編輯顧政務倥傯力未暇給錢唐陳先生尚質蚤有能詩聲嘗遊湖湘閩歷覽形勝意氣豪宕而益昌其詩頃客遊句容侯禮而館之托以採擇校讎先生留居数月刻志蒐輯正訛舛謬編纂有倫而諸体咸備然後諸名公之詩若聯璧貫珠光彩射人若簫韶迭奏雅韻相宣凡得觀聽者皆忻躍不能自已也侯名其集曰容山鍾秀予友方内翰昌言徵序於予予三復展玩愈咀嚼而有餘味因作而嘆曰非容山秀氣之鍾則人文無由而著非先生編

彙之勤則是集無自而成豈非有幸相值而使斯文之不墜哉且其詩之所言或寓愛君憂國之忱或寓懷親思友之念或發仁民愛物之情或録恬澹孤高之操所以陶情性著彝倫公美刺使邑人諷而詠之則絃歌之化即此而在宜侯之篤志於此也句容茅山為最勝前此所刻集或背道德言荒幻不經令觀是集益信秀氣之鍾在此而不在彼也民之觀者尚宜崇正闢邪而慎厥趨哉是集既成侯謀諸縣丞鍾君璠主簿黃君傑薛君仁典史魏君寅邑庠教諭常君清訓導鄭君賢吕君箴皆頗捐俸鋟梓以永其傳

而邑之致仕叅政張公紳同知王君韶知縣許君暠
舉人居軫張憓李永亨徐欽又皆樂義賛其成云

循良六詠詩序　　戴仁撰

大梁西華李侯天映由名進士宰余句容自下車来
廉以律已恕以待人勤以莅政公以處事吏治六事
若興學校增戶口闢田野簡詞訟息盜賊平賦役固
侯分内事而理之有餘裕矣三載政成而侯之竒勲
茂政固已書最銓曹而獻之
天府矣然侯之于六事之外政績踔絕可稱頌者尤有六事焉
時成化乙巳亢旱不收一邑告災自冬而春民不聊

生侯為竭力發倉賑貸月給口糧又嘗言于上司減價糶民且將所糶之數價抵民財賦之數活民命者殆以萬計以是一邑之民賴以寧妥迨丙午首夏復旱侯以邑之三茅舊有龍池蜿蜒靈異之物亦能興雲致雨建設壇宇竭誠迎禱果降甘霖西成有慶侯每念邑之窮民有疾而無醫可療有死而無地可歸注意開設藥局于邑中買置義塚于四郭其陰功之厚仁德之深莫非仁政之流行也以故德及生物致瑞麥有兩歧九穗之祥聲聞當道致書有舉行獎勸之典其和氣之徵顯揚之報是又仁政之效驗也

鄉先生王君思舜輩以爲侯既有此佳政雅宜播之聲詩乃相與即此六事緫名之曰循良六詠其一曰發廪賑饑其二曰迎龍救旱其三曰藥局陰功其四義阡仁德其五曰麥隴呈祥其六曰憲臺旌異一時士夫之能詩者罔不樂然各隨題賦詠月露連篇以美其事以識其盛以爲今日德政之稱頌以爲後日去思之張本以俟館閣史筆立循良之傳且因侯有朝

天之行以爲郊外祖餞之贈第恐侯之此去爲臺憲所奪將不免于一邑之失望也司教胡君朝宗東人余序其首宜

不可辭余既備序篇首亦各隨題賦詠于後云

容山善政録序

方謨撰

今

聖天子新登寶祚為成化丁未之歲句容邑宰長興王侯太和視篆之初邑巳三月不雨川涸田坼苗将就槁侯即齋沐蔬食免冠徒跣走黄埃赤日中凡當祀之神瀝誠遍禱不三日雨足有秋邑諸縉紳形諸詠歌則若有不足焉者此侯之善巳着於初政矣自是移事神之誠心敷愛民之實惠疏滞補救植善鋤強一年民惲而趨再朞民尊而信三載政化迺洽茲當入

覲于朝民唯恐遷陟而不爲容邑留也於是致政參政張
公紳同知王君韶知縣許君暠暨諸耆碩即邑中十
景分爲十題以擬其善政之倡蓋侯力學有本爲政
有聲即絳湖泉湧句曲鍾鳴也侯操守不移勁節不
屈即三茅古檜九曲修篁也曰義臺秋月淮浦信潮
明能燭理誠不自欺也曰丹井清源善橋碣石廉介
不汚善久不磨也其化之行如百里之和風焉其民
之親如三冬之愛日焉夫自有宇宙即有此山川而
以善政擬者前未聞之自秦漢唐宋有元以迄我
聖明之朝令於邑者固多矣而即景以頌之者亦不多見侯固

無心於景而政之善實與之同景亦無情於侯而民之擬之自不能已人景相將誠非偶然之故也古有善於為政者有召伯焉南國之民賦甘棠之詩千載一日召伯何心於棠哉民自不忘耳句容之民即南國之民而召伯之政則未易及誠願侯心恒不雜政久不斁益慎厥始圖有令終清風高節恒流播於三茅句曲之間為南國所詠之棠毋為吴隱之所詠之泉則於十景倍有光矣豈特初政之善為可頌耶予忝鄉曲邑民方嘉之丁郎規之亦愛助之一端也請書為序

贈王侯入覲序　　許暠撰

諸侯朝于天子曰述職三載一焉古禮也我朝因之

列聖相承已歷百卄年矣諸侯〻一遵成憲今

聖天子以不世之資負嗣登大寶挽乾綱於獨斷揭日月於中天

賞罰當理號令一新天下悅服四夷来王在位之庚

戌適天下

朝覲之期而大尹王公預期以行吾邑之士大夫乎昔因以道

義往来情不容已囑予為文以贈予惟臣下述職禮

所當然黜陟幽明古今常典故大而藩臬重臣小而

百司庶府職雖不同皆無有無事而空行者然安養

斯民負切於守令。蓋守令得人，則一郡一邑被其福；非其人，則一郡一邑受其殃。故漢明帝嘗曰：「與我共理天下而民無愁嘆之聲者，其惟良二千石乎。」有此良寔也。而邑侯王公乃宦門後裔，清白傳家，出身科目，筮仕今官。自下車以來，公而恕，廉而能，無疾言，無遽色，存心正大，處事安詳。嘗自作聯句揭于門云：「行此愷弟慈祥政，做箇光明正大人。」或有以不能踐言譏之者，公蒞官三載，終始如一。其他善政善教，不暇具述，姑以所聞見者言之：遇歲歉，公則先期賑貸；察冤抑則按擧條行；毀淫祠，脩學校；不惑於群言；恤孤貧，給衣食必先於他務矜憐惻怛肾形於言詞撫綏愛養無存於念慮故民蒙其惠者嘖嘖口碑傳誦不已也此非光明正大之心發為慈祥豈弟之政而何及天亢陽公則憂民之憂率乎衆則垂淚以徒行祈于郊告于天禱布乎忠悃拜于廟禱于神竭盡乎心思以故大雨傾盆枯槁復茂而民歌於市農忭于野故士大夫皆賀于庭形諸詠歌而揄揚其美也此非光明正大之心形而為慈祥豈弟之政而可吁光明正大之心豈弟慈祥之政王公不徒言之而實行之不獨下民歌誦之而士大夫亦揄揚之至於上司亦聞知

而以仁恕有爲考稱之可見言行脩諸己德孚於上下也語曰有德者必有言王公以之易曰出其言善則千里之外應之況其邇者乎王公以之斯行也不日而至京師會天下諸侯於都門入　覲王庭覲
天顔於殿陛聽天語之丁寧倚歟盛哉何其榮耶由是賞罰行焉法度彰焉公乎如鏡空衡平肅乎如秋霜烈日賢能者則陟之而登庸廢戢者則黜之而去位殆見王公以光明正大之心豈弟慈祥之政必如陽城之考上上而轉官内臺矣雖欲借寇其可得乎予素不能文姑以此塞衆人之囑是爲序

容山善政録後序

王韶撰

先王陳詩以觀民風重其有關於世道也考之成周吉甫送申伯而有崧高蒸民之篇詩人懐召伯而有蔽芾甘棠之詠迄今讀者猶思其善道其政而能想見興起何也蓋好善之心古今人人所同故也若吾句容士夫所以摭拾成詩頌美於今之王侯者夫豈有求而然哉亦本其善政有以感發之耳侯乃浙之長興宦族裔蚤以明經領鄉薦成化丁未出宰吾邑下車之初時值亢旱心寔憂懼乃瀝誠致懇徧禱於當祀之神不三日而天雨民大悦既而復旱禱亦如

之歲獲有秋五吾黨致政者暨諸耆宿皆有作以誌喜
以表侯之攄誠格天感應神速自有不能已於言者
越明年政通人和不三載而政績成民乃蒙福受惠
咸謂無以彰厥善又取邑之十景作為比體十詠以
頌之誠以吾侯學優登仕志節髙邁善曰以著政教
興行民心悅服故首以景之一曰絳湖泉湧以比力
學有本二曰句曲鐘鳴以比為政有聲三之四曰三
茅古檜九曲脩篁以比操守不移勁節不屈五之六
曰義臺秋月淮浦信潮以比明能察理誠不自欺曰
丹井清源善橋碣石以比廉介不汚善又不磨者七

之入也曰百里和風三冬愛日以比化行俗厚民皆
親戴者九之十也隨題立意人各輻輳比體絕句十
首即景繪畫裝潢成帙聯伸頌善之私於萬一治民
李瓛朱圯黃道華昂黃允以為詠歌揄揚頌侯善政
於一時孰若鐫珉刻木播侯善政於悠久遂以祈雨
有感比體十詠詩什集為一冊名曰容山善政錄欣
然衷金鋟梓以永其傳俾後之來有頌其詩考其人
亦猶今之觀崧高烝民之篇而知申伯之賢覩政芾
甘棠之詠而知召伯之德然君子不沒人善之心何
嘗有古今彼此之異哉可謂有關於世道者矣其用

心不亦善乎錄成予故僭著其末以備他日觀風者之採擇且使知我句容民俗之厚云

請鄉飲書

張蕙撰

句容縣知縣某　肅書申請

某　閣下　恭惟　尊養齒德乃
朝廷之盛典舉行鄉飲寔守令之當為儒童具在禮教攸存
某忝職茲邑不敢有遠茲於孟春望日孟冬朔日式遵
明制特令禮生賫書敦請至期一臨黌舍歌鹿鳴歌四牡少罄一日賓主之情講　律令講道德庶明百里勸懲之義敷陳不淺　光賁為榮　年月日禮生某敦請

祭鄉賢祠告文

徐彰撰

曰巳山之精生我哲人其生也道德之樹立雖各有彼此其沒也名氏之傳播皆在人耳目或以忠孝節義著或以師模著述顯或職司郡寄而惠澤及於民人或德足潤身而聲譽馳於遠迩或歷中外登廟堂而名揚朝著或佐憲府判劇郡而望重當時此皆仁義素定於中故其道德暴著於外可以扶綱常可以植名教可以起頹風可以範薄俗非古所謂鄉先生沒而可祭者乎祠于學宮以見士之為學當學師乎此也噫仁義道德人皆有之在所當為但人多棄之

而不為或為之而不力或責效於旦暮遂以為不可為而至於不肯為也先生知所當為而力為之豈必於有今日哉為我後人者泰司政教于茲有年考古詢今自不能不起高山仰行之思秋菊寒泉之薦是亦天理民彜之在人不可泯滅者也祠舊有主列于帝君之傍兼以詢攷未倫弗稱士心茲乃舊事詢考既詳南面立主以永祠事不以爵位高下為次第惟以世代久近為後先使自今為士者皆以先生為法知所當為而力為之則世道未必不淳風俗未必不厚而斯祠之立亦不為無補也公論在人非所敢私

先生其聽之謹告

祈雨告文

維大明宣德九年歲次甲寅五月日應天府府尹鄺埜謹遣句容縣知縣許聰敢昭告于

境内祀典之神茲者　天時久亢農事孔艱隴畝遑耕而龜拆致憂秧苗未蒔而枯萎是懼埜等忝職茲土德薄才疏到任將及於半期政化未敷於黎庶茲遇乾旱心切憂惶雖　上天之責有所歸而下民之情無所訴惟　神妙運神機斡旋造化望垂慈德下鑒守土之誠普賜甘霖以全斯民之命敬伸直禱立俟

感通尚饗

祈雨告文

維大明成化二十一年歲次乙巳十月朔日

欽差巡撫南直隸都察院右副都御史李嗣謹具香燭菓

酒之儀遣句容縣知縣李澄敬告于

大茅峯之神曰邑有名山能興雲致雨以福邑之民故祀

典有常民心無斁也惟兹句容大邑自今年五月以

來雨澤不降井泉枯涸田禾旱傷民有菜色何以卒

歲是雖牧民者政令有乖所致亦

神之不恤吾民也嗣以菲材叨承

聖天子之命來撫是邦鄙車一臨塵埃拂面民咸告旱良切于
懷不遑寧處齋沐二日敬遣官屬告
神神其聽之達于
上帝大施霖雨以沃田野俾斯民可耕可飲來年麥秋有望嗣
等拜 神之休下民咸蒙 神之賜矣謹告尚饗

謝雨祭文

維大明成化二十一年歲次乙巳戊寅朔越二十二日
欽差巡撫南直隸都察院右副都御史李嗣遣句容縣縣
丞安慶具特牲清酒時菓之儀致祭于
大茅峯之神曰一方亢陽不雨數月萬民告旱齋沐三日

遣官告 神神乃轉達
上蒼天乃油然作雲沛然下雨田土沃潤犁鋤乃興麥種
既布民心斯安實 神之賜也豈敢忘乎謹遣官備
謝祭 神其鑒之尚饗

句容縣志卷之下二

句容縣志後序

志之爲書有關治體有補風化其爲益也大矣此天下郡邑皆不能無志也若今之句容之志修於王侯成於杜侯侯名槃字君用山西太原臨縣人登鄉第學富而才優政簡而行潔甫

三載百廢脩舉公餘曰覽前令
所刊邑志遂嘆之曰是邑之志
山川美人之盛風俗文章之懿
戶口稅粮之夥草木鳥獸之名
如天葩之燦爛若金石之鏗鏘
美固美矣然無文以幷諸首殆
猶衆之無領網之無綱廼闕典

亦得為全書耶於是求志于
京畿
地官大夫周公廷璽為序甚詳
且悉則志之所由作與夫修志
之士人志成之歲月咸有考擬
求謂郡邑之志亦郡邑之史史
昭鑒戒而志與之等蓋以是乎

予奪貴執筆者之公而不容私
意於其間述確論也俾後之觀
志者豈不油然而興發善心揭
然而繼創逸志哉噫嘻若杜侯
可謂不沒人之善而又成人之
美者矣寔可嘉而可敬也昇與
丞王永亨湯程顥訓導章顯與

史陈珞来官於志成之後顧君
補於是書並樂道人之善君子
與焉敢弗愧而爲之序于左云
弘治丙辰歲中秋節句容縣儒
學教諭柳江曾昇騰高書

句容縣志後序

志之所作其来尚矣古者列國各有紀事之官自秦黜封建之國而置郡縣故職方氏之書一歸於上後世無敢以政紀者他如郡縣有述不過筆其地理疆界世代沿革風俗美惡人物賢

否與夫土產貢賦之異山川宮
室之奇宸章聖澤之隆詩詞文
藻之富類聚成編謂之曰志是
即古者紀事之遺意也粤惟容
邑舊雖有志謄本差訛載事簡
畧觀者憾焉弘治壬子夏應天
府移文屬邑類脩郡志是以知

縣長興王僖太和感發興起公
同儒學司訓浮梁程文仲昭肆
力纂輯翁以歸田衰朽過蒙禮
請叨預校讐第愧才質迂踈識
見淺陋訂定未精魯魚莫辨有
遺大方之誚於是罄竭乃心諏
詢故老考證遺文參以平[illegible][illegible]所

聞所見越明年癸丑冬式[illegible]就緒其中條目雖繁各以類分釐爲一十二卷如綱在綱秩然不紊有便觀覽謹錄成帙俟乃喜曰此誠句容文物之美觀

國家太平之盛典也不壽諸梓久或至於湮沒則厥功隳矣故謀

諸寮寅鋟刻以永其傳志乃告
成特首末序文之末備耳遼山
右太原杜公君用發身科目出
宰吾邑學識優長博雅好古一
覩是志獲許其可且曰紀載頗
悉展卷間古今事蹟瞭然心目
蓋所以壽前往而開後來

矣其有補於治道也豈淺[illegible]
是不可無言以傳諸永久也韶
非能言者尚俟名公鉅筆序諸
篇首予惟次第其說始書卷末
用紀嵗月兼識夫所以纂輯鋟
梓之由時則庠友周祚高瓛冣
實編書協力以助其成云

弘治乙卯歲夏五月吉旦致四

川重慶府合州同知政前鄉貢

進士邑人王韶書